公司治理结构与公司融资结构研究

顾正娣 著

东南大学出版社
SOUTHEAST UNIVERSITY PRESS
·南京·

图书在版编目(CIP)数据

公司治理结构与公司融资结构研究 / 顾正娣著. —
南京 ：东南大学出版社，2022.11

ISBN 978-7-5641-9958-6

Ⅰ. ①公… Ⅱ. ①顾… Ⅲ. ①公司—企业管理—研究
—中国②公司—企业融资—研究—中国 Ⅳ. ①F279.246

中国版本图书馆 CIP 数据核字(2021)第 273717 号

责任编辑:周 菊 **责任校对:**张万莹 **封面设计:**毕 真 **责任印制:**周荣虎

公司治理结构与公司融资结构研究

Gongsi Zhili Jiegou Yu Gongsi Rongzi Jiegou Yanjiu

著　　者 顾正娣
出版发行 东南大学出版社
社　　址 南京市四牌楼 2 号(邮编:210096 电话:025-83793330)
网　　址 http://www.seupress.com
电子邮箱 press@seupress.com
经　　销 全国各地新华书店
印　　刷 广东虎彩云印刷有限公司
开　　本 700 mm×1000 mm 1/16
印　　张 9
字　　数 180 千字
版　　次 2022 年 11 月第 1 版
印　　次 2022 年 11 月第 1 次印刷
书　　号 ISBN 978-7-5641-9958-6
定　　价 38.00 元

前言

中国资本市场正处于发展的关键阶段，公司治理结构和融资结构成为现代企业发展的重要内容，也是企业增强竞争力和提高经营业绩的必要条件。因此，公司治理结构和融资结构成为当前公司理论和实际研究的焦点。

治理结构与融资结构是企业理论中的两个重要内容，二者对企业绩效均有着显著的影响，同时，二者之间又存在着一定的内在联系。

在现有文献中，关于公司融资结构对公司治理结构的决定作用的研究很多，但是就公司治理结构对融资结构的影响做深入研究的很少。因此，本书主要研究公司治理结构对公司融资结构的影响作用。

本书主要分为以下四个部分：

第 1 篇 公司治理结构与融资结构理论研究。本部分包括三个方面的内容：首先，在介绍研究背景和研究意义的基础上，介绍本书涉及的相关概念、研究内容与研究方法；其次，介绍了相关的公司治理理论和融资结构理论；最后，围绕本书研究的核心主题，比较系统地梳理了以往研究中关于公司治理结构与融资结构的相关理论和相关关系研究，并对其进行了简要评述，指出了现有研究存在的不足，提出了本书的研究方向。

第 2 篇 公司治理结构研究。本部分包括两个方面的内容：首先，分析了四种公司治理结构模式的形成与主要特征；其次，分析了我国上市公司治理结构的现状及存在的问题，并有针对性地提出优化我国上市公司治理结构的对策。

第3篇 公司融资结构研究。本部分包括四个方面的内容：首先，分析了中国融资结构发展的四个时期；其次，分析了我国上市公司融资结构的现状、存在的问题及其对策；再次，以华为技术有限公司为例，对其不同阶段发展战略与融资结构的选择进行研究；最后，比较了不同公司治理结构模式下融资结构的选择。

第4篇 公司治理结构与融资结构的关系。本部分包括两个方面的内容：首先分析了公司治理结构与融资结构直接的理论关系；其次，基于中国上市公司的实际数据实证分析了公司内部治理结构对公司融资结构的影响。

目录

第一篇　公司治理结构与融资结构理论研究

第2篇　公司治理结构研究

第2篇　公司融资结构研究

第4篇 公司治理结构与融资结构的关系

第1篇

公司治理结构与融资结构理论研究

第1章　导　论

1.1　研究背景与研究意义

1.1.1　公司治理研究的背景

公司治理是当代管理学中的世界性课题，如何有效地对公司管理者进行激励和约束更是企业发展过程中所必须面临的问题。美国经济学家 Berle 和 Means 于 20 世纪 30 年代在《现代公司与私有产权》(*The Modern Corporate and Private Property*)一书中最早提出了公司的管理权和所有权相分离的概念，公司的经营权转移给职业管理人员，能够实现现代企业更好的发展。20 世纪，西方发达资本主义国家的经济发展取得了辉煌成就，主要得益于两个方面的因素：一是科学技术的进步；二是经济活动中组织方式的变革，即现代企业制度的发展。

公司治理不仅成为现代企业制度中最重要的内容，也是企业增强竞争力和提高经营业绩的必要条件。在经济全球化的条件下，生产要素在全球范围内进行重组和配置的程度不断提高，企业竞争越来越激烈，良好的公司治理结构不仅是企业在市场竞争中生存和发展的关键，而且与各国综合国力和经济竞争力密切相关，一个国家经济的发展和繁荣极大程度上依赖于公司的良好业绩。因此，许多国家与国际组织对于如何建立有效的公司治理给予了越来越多的关注。

公司的管理权和所有权发生分离之后，使得公司所有者与管理人员形成了新的委托与被委托的关系。由于二者追求的最大化目标不同，公司所有者追求的是公司资产和利益实现最大化，而公司管理人员追求的是个人收入的最大化和人力资源的最优化，这也导致了新的公司治理问题。其核心原则就是通过激励并约束管理者使其能最大化实现公司所有者的核心利益。

西方管理学界关于上述问题从各个角度提出了一系列激励理论，如赫兹伯格的双因素理论、马斯洛的需求层次理论、斯金纳的强化理论、亚当斯的公平理论等。

公司治理是一个很宽泛的范围，但是从本质上来说还是对人的管理，尤其对公司高层管理人员进行有效激励是管理的核心。企业所有者通过建立合理的高层管理人员的激励制度，利用相关激励理论，解决企业所有者与管理人员之间的矛盾，最终实现双方长远利益，使企业所有者和管理人员获得双赢，才能够保证当代企业长远地发展下去。

随着我国经济环境逐渐与国际接轨，市场经济日趋成熟，市场竞争日益加剧，精干的高层管理人员已经成为决定公司发展的关键性资源。

我国国有企业改革的目标是建立现代企业制度，其核心是对大中型国有企业的公司化改革。目前，我国上市公司治理结构存在严重的缺陷，“内部人控制”现象十分突出。在我国建立现代企业制度的过程中，建立符合我国实际的公司治理结构是国有企业公司化改革中一个不可逾越的核心问题。

1.1.2 公司治理结构成为公司理论研究的焦点

公司治理作为一个新的领域成为人们讨论的焦点始于 20 世纪 80 年代，其开创性工作是由英国经济学家 Tricker 在其《公司治理》(*Corporate Governance*)一书中所展现的。人们在进行公司治理研究的同时，又将目标定位于各国不同治理模式的比较研究上[代表作如 Shleifer 和 Vishny 的《公司治理的调查》(“A Survey of Corporate Governance”)]，并从世界经济一体化的进程中，探究未来公司治理的统一化问题。公司治理是当前国内外理论界和实务界关注的热点问题。从实践的角度看，它是随着社会经济的发展、经济体制的变化、企业改革的深入，逐渐产生并演化成为事关企业生存发展的重大战略问题的。从理论研究的角度看，作为现代企业理论的重要组成部分，它涵盖了企业制度、公司管理、政府规制等研究领域，应用了定量分析、比较分析、案例分析等研究方法，是跨越管理学、经济学、法学、社会学等多个学科的综合性研究课题。对于公司治理何以成为当前公司理论研究的焦点，理论界于东智、陈工孟等学者做出了相应的论述，根据这些论述，笔者在本部分总结出如下几点：

(1) 对控制权市场作用的怀疑与争论

对于控制权市场的作用，学者们存在着不同的看法。一些学者认为，当公司的内部治理结构无效时，公司控制权市场能够用于缓和代理冲突；对此持不同观点的学者则认为，接管不一定与较差的公司绩效相关，而可能是出于广泛战略原因的考虑。正是由于对公司控制权市场作用的怀疑引发了大量的关于股东权利、反接管措施合理性的争论，使得有关公司治理的文献在公司购并问题的框架下得到发展，而且在不断增加并且日益丰富。

(2) 机构投资者的兴起与股东参与意识的提高

20 世纪 80 年代以来，股东进一步法人化和机构化的趋势使得英美国家股东高度分散化的情况发生了很大变化，以养老基金和共同基金为主的机构投资者拥有了越来越多的股份(本书第 4 篇做了具体论述)。随着机构投资者力量的壮大，它们对公司治理的兴趣与日俱增，而机构投资者的目标定位、机构投资者本身的大股东地位的行为规范，以及机构投资者如何参与公司治理等问题，都有待于研究与解决，这又进一步引发了人们对公司治理问题的研究与探讨。

(3) 董事会作用的提升以及人们对于董事会作用的关注

目前人们对公司治理的注意力逐渐从控制权市场转移到公司的内部治理结构上，这引起了学者们对处于内部治理结构核心地位的董事会作用的关注。在公司治理过程中，出现了大量对于什么样的董事会结构才能更有效地完成公司治理任务的争论。

(4) 公司高层管理人员的高薪引起股东和社会的不满

在英美国家，公司高级管理人员的薪酬一直在持续增长，引起了股东和社会的不满。两权分离后，股东的地位在下降，公司实际上成为"无主"企业，内部人控制问题十分普遍，股东与管理者的利益冲突日益加深。整个社会对此也产生不满情绪，股东期望通过公司治理来保护自身的权益。

(5) 对于何种公司治理模式更具效率的争论导致了大量关于公司治理模式比较分析的文献出现

在公司治理机制的总的框架中，各种不同的治理机制扮演着不同的角色，其中内部董事会主导型的公司治理机制(以德、日为代表)、外部市场主导型的公司治理机制(以美、英为代表)、家族控制型的公司治理机制(以韩国为代表)和内部人控制型的公司治理机制(以中国为代表)代表四种不同的类型。而对于何种公司治理模式更具效率的争论导致了大量关于公司治理模式比较分析的文献出现。

(6) 转型经济国家出现了严重的"内部人控制"问题

俄罗斯、中国以及东欧国家在经济转轨过程中，在公司治理方面出现过许多问题。这些国家正试图将国有企业进行公司化改造以解决企业的低效率问题，但由于资本市场和法规不健全，西方的公司治理模式很难在其中发挥作用，因而导致这些国家出现了严重的事实上的"内部人控制"现象(本书的第 3 篇做了论述)。这些减损经济效率的现象引起了东西方学者对公司治理问题的共同关注。

正是基于上述理由，公司治理在近20年的经济学理论界，尤其是企业理论与财务理论界，成为主流话题。

1.1.3 公司融资结构对现代公司的重要性

融资结构之于现代公司的重要性，不仅体现在融资成本与公司的市场价值方面，更重要的是，其还影响着公司经理、股东和债权人之间的契约关系，即影响着公司的治理结构。融资结构对公司治理结构的作用机理，不仅体现在股权融资或债务融资本身对公司治理结构的影响上，还体现在，股权融资与债务融资的数量之比，直接决定着公司控制权在股东与债权人之间的分配与转移，从而导致公司治理结构的重大改变。

基于以上分析，我们可以看出，融资结构不仅体现了企业资本的不同来源，还影响到企业权力在各个利益主体间的分布关系，决定了各个利益主体所受到的约束与激励强度。同时，在一定的治理结构框架下，决策是各利益主体在制度约束下博弈的结果，其中的融资决策会改变现存的融资结构。在企业治理结构与融资结构之间存在着有机联系的前提下，孤立地分别研究它们对于企业的价值影响，得到的结果可能是片面的。如果不从融资结构与治理结构的内在联系角度进行研究，是很难真正找到它们的最优实现方式和最佳组合形式的。

1.1.4 研究公司治理结构与融资结构的意义

综上，治理结构与融资结构是企业理论中的两个重要内容，二者对企业绩效均有着显著的影响。此外，二者之间又存在着一定的内在联系：一方面，公司融资结构决定公司治理结构，债权和股权的不同结合，决定了公司的不同治理结构；另一方面，公司治理结构反过来影响公司融资结构，不同的公司治理模式、公司治理结构都会形成不同的融资结构。

因此，笔者选择公司治理结构与公司融资结构作为本书的研究主题，不仅具有重要的理论价值，也具有很强的现实意义。

在现有文献中，研究公司融资结构对公司治理结构的决定作用以及研究影响融资结构的因素时涉及一两个与治理结构有关的指标的文献很多，但针对治理结构对融资结构的影响做深入研究的却很少。因此，研究治理结构对融资结构的影响具有深远的意义。

1.2 相关概念

1.2.1 公司治理的相关概念

Smith 在其《国富论》(*The Wealth of Nations*)一书中指出:“作为其他人所有的资金的经营者,不要期望他会像自己所有的资金一样精心照顾。”公司治理思想自此萌芽。Berle 和 Means 在其著作《现代公司与私有产权》中首次明确提出了所有权与控制权分离的观点,该书被认为是现代公司治理理论的起源。Williamson 提出了治理结构的概念,该概念与公司治理的含义最接近。Jensen 和 Meckling 在其经典论文《企业理论:经理行为、代理成本与所有权结构》(“Theory of the Firm: Managerial Behavior, Agency Costs and Ownership Structure”)中首次提出了代理问题,并将股东与经理人员之间的代理冲突作为公司治理研究的主要问题,该文被认为是现代公司治理研究的开山之作。Fama 和 Jensen 进一步指出,公司治理就是要处理好委托人和代理人之间的代理关系,核心是降低代理成本。其后,公司治理问题得到极大关注,公司治理理论不断丰富。我国公司治理问题起源于国有企业改革,张维迎、吴敬琏等率先提出在国有企业改革过程中借鉴现代公司治理理论。林毅夫等对公司治理的内涵及公司治理的有效制度安排进行了研究。张维迎、孙永祥等讨论了公司治理的产权问题。李维安等对比研究了公司治理的模式。

(1) 公司治理的起源与内涵

关于公司治理的定义,国内外学者从不同视角给出了不同的解释。Cochran 和 Wartick 认为,公司治理是解决高层管理者、股东、董事会与公司其他利益相关者间相互作用所产生的特定问题,核心问题是谁应该从公司的决策中获益。吴敬琏认为,公司治理结构是由所有者、董事会和高级经理人员组成的一种组织结构,要完善公司治理结构,就要明确划分股东、董事会和经理人员的权利、责任和利益,从而形成三者之间的制衡约束关系。Blair 认为,公司治理是有关公司控制权和剩余索取权安排的一整套法律、文化和制度安排,Mayer Colin 和钱颖一也给出了类似的定义。Shleifer 和 Vishny 从投资者和所有权保护视角,研究了全球范围内法律体系对投资者和所有权的保护,认为公司治理是一组外部投资者借以保护自身利益不被内部人剥夺的机制。林毅夫认为,公司治理结构是指所有者对一个企业进行经营管理和对绩效进行监督控制的一整套制度安排,是公司的直接控制或内部治理结构。经济合作与发展组织(Organization for Economic Co-operation and Development, OECD)把公司治理定义为一种指导和控制商业公司的体系,公司治理结构明确了公司的不同参与者之间权利和义务的分配,并清楚地说明就公司事务进行决策的规则和程序。张维迎分别从狭义和广义视角对公司治理进行了解释:从狭义上来说,公司治理结构是指关于公司董事会的结构与功能、股东权利的制度安排;从广义上来说,公司治理结构是关于公司控制权和剩余索取权分配的一整套法律、文化和制度性安排,这些安排决定公司的目标,谁在什么状态下实施控制,如何控制及风险和收益如何在企业成员之间分配,公司治理结构实际上是公司所有权安排的具体化。Zingales 把公司治理定义为一组限制企业事后交易产生的准租金的复杂的约束集,包括所有权配置、董事会、融资结构、劳动力市场竞争、经理激励计划、组织结构、机构投资者的施压、产品市场竞争和接管等。李维安认为:狭义的公司治理是指所有者对经营者的一种监督与制衡机制,主要体现为股东大会、董事会、监事会和管理层所构成的公司治理结构的内部治理;广义的公司治理是指通过一套包括正式或非正式的、内部或外部的制度或机制来协调公司与所有利益相关者(股东、债权人、供应者、雇员、政府、社区)之间的利益。Tirole 认为,公司治理是用来解决逆向选择和道德风险问题的。世界银行把公司治理定义为被股东用来影响管理者以实现股东利益最大化和被固定收入索取者(如银行、雇员等)用于控制股权的代理成本的一套工具和机制(如合同、法定权利和市场)。郑志刚认为,对于现代公司利益冲突的投资者与经营者,公司治理主要解决两方面的问题:一是通过产权安排向投资者提供投资激励,以解决合约不完全问题;二是通过治理机制的设计与实施向经营者提供努力工作的激励,以解决信息不对称问题。他提出公司治理可以分为治理结构(产权安排)和治理机制(各种公司治理机制的设计和实施)两个层次。朱长春认为,公司治理是构建在企业所有权层次上的一门科学,是企业所有权人科学地向职业经理人授权,并对职业经理人进行监管。

(2) 公司治理结构的概念

基于以上对公司治理起源与内涵的分析,本书认为,公司治理是一种经济关系,也是一种契约关系。公司治理是一种权力制衡机制,也是一种实现经济民主的有效形式。公司治理是伴随现代公司所有权和经营权分离而出现的,是解决由于所有权与经营权分离而产生的代理问题的一整套法律、文化和制度性安排;公司治理问题涉及经济学、管理学和法学等众多学科,是典型的跨学科的综合性问题。公司治理分为治理结构和治理机制两部分。治理结构包括外部治理和内部治理:外部治理实质上是外部环境对公司的治理，如制度环境和政治资源环境等；内部治理是指包括股东会、董事会、监事会和高管层在内的法人治理结构。治理机制主要包括用人、监督和激励机制，公司治理的本质是监督和激励。关于公司治理的量化，采用公司治理指数来测量公司治理水平的方式已得到国内外学者的认可，公司内部治理指数综合反映了异质性公司的内部治理水平。

公司治理结构狭义地讲是指投资者（股东）和企业之间的利益分配和控制关系，包括公司董事会的职能、结构、股东的权利等方面的制度安排；广义地讲是指关于公司控制权和剩余索取权，即企业组织方式、控制机制和利益分配的所有法律、机构、制度和文化安排。它所界定的不仅是所有者与企业的关系，而且包括利益相关者（管理者、员工、客户、供货商、所在社区等）之间的关系。本书中讨论的公司治理结构是指狭义的公司治理结构。

（3）公司治理模式的概念

关于公司治理的模式，国内外学者从不同的视角探索公司治理模式的分类。根据企业的融资性质，公司治理可以分为市场中心治理模式和银行中心治理模式。从制度环境视角看，公司治理模式可以分为外部监管模式、家族监管模式和内部监管模式（也即英美治理模式、家族治理模式和德日治理模式）。从人力资本视角看，公司治理模式可以分为股东至上主义模式、双边治理模式、员工至上主义模式。从企业成长视角看，公司治理模式可以分为古典治理模式、过度治理模式和现代治理模式，并通过以上宏观、中观和微观层面公司治理模式的比较研究，出现了公司治理的权变模式。根据公司治理研究出现的三个新趋势，即研究对象由欧美发达国家扩展到发展中国家、研究视角由企业层面或企业内部转移到企业间层面、研究层面由微观和中观层面转变到宏观层面，公司治理可以分为三种类型，分别为代理型公司治理、剥夺型公司治理和混合型公司治理。从治理机制视角看，公司治理可以分为内部治理和外部治理。公司治理机制（Corporate Governance System）是解决现代公司由于所有权和经营权分离导致的代理问题的各种机制的总称。公司治理机制包括内部治理机制和外部治理机制：内部治理机制包括股东治理、董事会治理、监事会治理和高管层治理等；外部治理机制包括公司治理的法律和政治途径、要素和产品市场竞争、债权人治理、公司控制权市场、职业经理人市场、声誉市场和职业关注等。

总的来说，公司治理要解决的就是基于效率和公平的前提，对各相关利益主体的权、责、利进行相互制衡的一种制度安排问题。由于各国制度环境和法律法规不同，投资者在公司中行使的权利也不尽相同，内部治理与外部治理发挥作用的方式和途径也不相同。与此相适应，公司治理分为以外部控制为主和以内部控制为主的不同模式。从制度环境视角看，公司治理模式可以分为家族监控模式、内部监控模式和外部监控模式。家族监控模式在东南亚国家和中国香港、台湾等地区的公司中较为显著，更准确地讲，家族监控也是一种内部监控型的公司治理模式，但又与内部监控型存在很大的区别。内部监控型公司治理模式则以日、德等国家为代表，外部监控型公司治理模式主要以美、英等国家为代表。

1.2.2 公司融资结构的相关概念

（1）公司融资结构

公司融资结构指的是企业在取得资金来源时，通过不同渠道筹措资金的有机搭配以及各种资金所占的比例，反映企业各项资金来源的组合情况。其包括三重含义：一是指股权资本或债权资本各构成部分之间的比例关系，通常称之为股权结构（所有权结构）或债权结构；二是指股权资本与债权资本之间的比例关系，习惯上称为融资结构或财务结构；三是指物质资本（包括股权和债权资本）与人力资本之间的比例关系，这是适应知识经济时代的融资结构定义。从表面上看，融资结构是各种资金来源在企业内部形成的某种状态，但实质上，它是各种资金背后的产权主体相互依存、相互作用、共同生成的某种利益配置格局，这种利益配置格局构成了企业的治理结构，并且对企业的治理目的和绩效产生着持续的影响。

（2）债务融资与股权融资

企业的资金来源主要包括内源融资和外源融资两个渠道，其中内源融资主要是指企业的自有资金和在生产经营过程中的资金积累部分；外源融资即企业的外部资金来源部分，主要包括直接融资和间接融资两类方式。直接融资主要是指企业进行的首次上市募集资金（Initial Public Offering，IPO）、配股和增发等股权融资活动，所以也称为股权融资；间接融资主要是指企业资金来自银行、非银行金融机构的贷款等债权融资活动，所以也称为债务融资。

不同的融资方式具有不同的优势：

① 债务融资在对经营者的监督和制约上具有不可比拟的优势。首先，通过债务融资引入了债权人，债权人为了保证债权能够收回，必然会对经营者进行一定的监督；其次，债务融资使企业面临定期还本付息的压力，也加大了企业破产的可能性，一般情况下，经营者不愿意让企业破产，因此，他会更加尽心尽力地经营；最后，

债务融资由于它的资金来源和数量有限，从而控制了经营者无限投资的冲动，降低了他们从事无效投资的选择空间。

② 与债务融资相比，股权融资具有以下优势：可以通过资本市场取得大量资金；没有偿债付息压力，公司可以根据盈利情况决定是否分红；此外，当前在我国股权资本成本“软约束”下，股权融资成本远低于债务融资成本，这是我国不成熟的资本市场上股权融资特有的优势。

事物都有两面性，债务融资在监督制约经营者中具有的优势同时也是它的劣势，而股权融资具有的优势决定了它在持续监督和制约经营者方面远不如债务融资。此外，股权融资会稀释既有股东的持股比例，在这一点上它不如债务融资。

1.3 研究方法与内容框架

1.3.1 研究方法

本书的研究主要采取规范研究、对比研究、案例分析与实证研究相结合，以实证研究为主的分析方法。

本书研究涉及企业经济学、区域经济学等多个领域，这就给本书的研究方法提出了更高的要求，需要综合运用多方面的知识。在如何选择计量模型及方法这个问题上，本研究遵循适用性和多样化的原则，并尽可能借鉴国际上比较通用且比较先进的研究手段，如面板数据的计量模型、时间序列数据的协整分析和脉冲响应函数分析等。这些计量方法的应用本书使研究具有两个方面的优势：(1) 确保了更为可靠的计量检验结果；(2) 具体量化体现出环境规制强度和环境规制工具对绿色技术创新的影响作用。为了使以上计量检验顺利实现，本书主要采用了目前最为常用的统计计量软件 STATA 14.0、SPSS 22.0 和 Excel。

研究数据主要来源于公开出版或发表的、可信度较高的权威部门的统计资料：① 相关年度的《中国统计年鉴》《中国贸易外经统计年鉴》《中国环境年鉴》《中国环境统计年鉴》《中国环境状况公报》以及各省(市、自治区)的统计年鉴、《新中国六十年经济统计资料汇编》等；② 科技部(厅)、海关、中华人民共和国及相关省(市、自治区)统计局、商务部等政府网站上公布的数据；③中国研究数据服务平台(CNRDS)、国研网等专业网站提供的数据。此外，本书也部分参考了文献资料中的相关数据。

1.3.2 内容框架

本书围绕公司治理结构模式以及内部治理结构，在有关各章抓住实践中的一些重点问题进行研究，以避免面面俱到的一般性研究。

本书的内容框架如下：

第1篇 公司治理结构与融资结构理论研究。本篇包括三个章节：

第1章 导论。本章就本书的研究背景、研究意义、相关概念、研究方法与内容框架等作了一个提纲挈领的论述。

第2章 理论基础。本章主要在介绍公司治理结构、融资结构基本概念和公司治理理论的基础上，对公司治理结构与融资结构的关系作理论分析。

第3章 文献综述。本章围绕本书研究的核心主题，在回顾以往研究中关于公司治理结构与融资结构理论以及公司治理结构与融资结构关系的基础上，比较系统地梳理了公司治理结构与融资结构的相关理论和相关关系研究，并对其进行了简要评述，指出了现有研究存在的不足，提出了本书的研究方向。

第2篇 公司治理结构研究。本篇包括两个章节：

第4章 公司治理结构的不同模式及比较。本章主要以公司治理的核心——所有权和控制权的表现形式为参照物，把各国的公司治理划分为四种主要类型，即英美市场导向模式，德日银行导向模式，东亚、拉美家族控制型模式，内部人控制型模式；并通过对主要代表国家的企业文化背景、公司所有权结构的分析来比较各种公司治理模式的特点。

第5章 我国公司治理结构。本章分析我国上市公司治理结构存在的问题，并提出了优化我国上市公司治理结构的一些建议。

第3篇 公司融资结构研究。本篇包括四个章节：

第6章 我国融资结构的发展历程。本章从历史变迁的视角，考察了我国融资结构的发展历程，并将其分为四个时期，即计划经济下的融资集中控制期、改革开放以来的现代融资结构重构期、市场化改革下的融资结构加速调整期、市场经济下的融资结构深化发展期，并依次剖析了不同时期我国融资结构的演化背景、基本特征及变动方向。

第7章 我国公司融资结构。本章分析我国公司的融资结构背景及融资方式、我国上市公司融资结构现状及存在的问题及其原因，并提出优化我国上市公司融资结构的建议。

第 8 章 我国公司融资结构的案例分析。本章以华为技术有限公司(简称“华为”)为例,对其从初创阶段到成熟阶段的融资策略进行具体的分析,同时以融资策略与企业战略的适应性作为切入点,寻找华为战略目标与融资方式之间的联系,分析华为融资策略选择的合理性。

第 9 章 不同公司治理结构模式下的融资结构选择。本章在分析各国不同公司治理结构模式特征的基础上,分析了不同公司治理结构模式对上市公司融资决策选择的影响,并使其形成不同的融资结构。本章以具体国家的上市公司为例,分析了不同的公司治理结构模式下公司所采用的股权结构和融资结构。

第 4 篇 公司治理结构与融资结构的关系。本篇包括两个章节:

第 10 章 公司治理结构与融资结构的理论关系。治理结构与融资结构是企业理论中的两个重要问题,二者对企业绩效均有着显著的影响。公司治理结构的确定与融资方式的选择密切相关,企业融资结构和公司治理结构有着十分重要的联系。本章介绍公司治理结构与融资结构之间的理论关系。

第 11 章 公司内部治理结构对融资结构影响的实证分析——以我国上市公司为例。本章针对我国上市公司,通过上市公司的实际数据,选择与公司治理结构紧密相关且对融资结构可能会产生一定影响的指标作为解释变量,对代表公司融资结构特征的被解释变量进行实证分析,从而分析公司内部治理结构对公司融资结构的影响。

第 12 章 研究结论与研究展望。本章介绍了主要研究结论和进一步研究的方向。

第 2 章　理论基础

2.1　公司治理理论

本章将阐述公司治理结构的几种主要理论。这些理论为公司治理结构的研究提供了一般性框架，也为各国建立公司治理结构的实践奠定了基础。

公司治理理论是构建公司治理结构、解决公司治理问题的理论基础。关于公司治理问题产生的原因，存在着四种主要的理论解释，其中被广泛接受并且对实践中公司治理机制的形成起主导作用的是委托代理理论。其他三种有关公司治理的理论分别为古典管家理论、现代管家理论和利益相关者理论，其中利益相关者理论近年来在英美国家也得到了一定程度的认可，成为委托代理理论的重要补充。

2.1.1　委托代理理论

委托代理理论是现代企业理论的重要组成部分，是制度经济学契约理论最重要的发展方向之一。该理论是建立在非对称信息博弈论的基础上的，委托代理这一词语最早由 Rose 提出，主要研究在信息不对称和利益冲突的情况下，如何设计有效的制度安排来解决契约双方的代理问题。随着社会生产力发展到一定水平，分工进一步细化，企业中形成所有者和经营者两个角色共存的局面，这两者就成为契约双方。一方面，作为企业的所有者不需要亲自参与企业的生产经营，但是他们要求企业利润最大化以尽可能多地赚取收益；另一方面，企业的日常经营管理者不一定对企业拥有所有权，他们追求的是自身利益最大化，此时经营者和所有者的目标不一致，即会产生冲突。由此可见，委托代理关系问题产生的根本原因是不同当事方对自身利益最大化诉求的冲突。委托代理关系的产生，是社会进步的必然结果，使企业组织形式由原来的小规模家族式发展成现代大规模公司制，提高了企业经营效率，降低了企业运行成本，但随之而来的，是严重的代理问题。当企业经营者（代理人）经营企业时，对企业生产经营状况、企业内部组织管理情况、外部经营环境是否发生变化等方面的信息都有充分的了解，对自己的工作能力及努力程度也心知肚明，而这些信息都是所有者(委托人)所不具备的，也就是契约双方存在信息不对称。在此情况下，经营者出于自身利益考虑，有可能利用自己所掌握的信息，采取一些损害所有者(委托人)利益的做法来满足自身利益最大化的需求；所有者(委托人)在意识到可能会出现利益损害的情况下，希望设计一个完美契约来约束代理人，以实现双方同时达到利益最大化的目的。这样完美的契约是很难设置的，因为代理人和委托人最终利益目的不一致、信息不对称、责任义务也不对等，所以要使得双方都达到利益最大化的目的是很难实现的。

在此背景下，许多学者都试图对委托代理关系进行阐述，将其运用到企业生产经营中，并就如何解决委托代理问题提出了自己的观点。Jensen 和 Meckling 提出了“代理成本”这一名词，指出代理成本是由委托代理关系导致的，当代理人与委托人之间产生冲突时，因二者间的冲突所产生的损失即为代理成本。为尽可能降低代理成本，提高经营效率，企业需要建立一套尽可能完备的治理机制，这就包含了对代理人约束和激励方案的设计，建立包括董事会、监事会和股东大会在内的治理机制，设立内部控制和审计员等监督机制。随着经济的进一步发展和代理理论在实践中的应用，许多学者发现，委托代理关系不仅仅存在于企业的所有者和经营者之间，而且广泛存在于企业的方方面面，如中小股东和控股股东、股东与债权人、股东大会和董事会、董事会和经营者等。这些企业的利益相关者，因对利益的诉求不同，互相之间都存在委托代理关系。因此，企业需要解决的就不仅仅是所有者和经营者之间的矛盾了，而是企业各利益相关者之间错综复杂的关系，而代理成本也不仅仅是股东和经理人之间产生的股权代理成本，还有股东和债权人之间产生的债权代理成本，这时便出现了公司治理这一专有学科。可以说，公司治理就是为解决各种委托代理问题而对企业各种规则、程序、政策、关系等各方面进行制度安排，以合理分配企业各个利益相关者之间的权利和义务，最终使各方协同有序合作，维护企业日常运作以及保障各方当事人利益。

委托代理理论认为，公司治理问题是伴随着委托代理问题的出现而产生的。由于现代股份有限公司股权日益分散，经营管理的复杂性与专业化程度不断增加，公司的所有者——股东们通常不再直接作为公司的经营者，而是作为委托人，将公司的经营权委托给职业经理人，职业经理人作为代理人接受股东的委托，代理股东经营企业，股东与经理人之间的委托代理关系由此产生。由于公司的所有者和经营者之间存在委托代理关系，两者之间因利益不一致而产生代理成本，并可能最终导致公司经营成本增加的问题就称为委托代理问题。委托代理问题及代理成本存在的条件包括:(1) 委托人与代理人的利益不一致。由于代理人的利益可能与公司的利益不一致,代理人最大化自身利益的行为可能会损害公司的整体利益。(2) 信息不对称。委托人无法完全掌握代理人所拥有的全部信息,因此委托人必须花费监督成本,如建立机构和雇用第三者对代理人进行监督,尽管如此,有时委托人还是难以评价代理人的技巧和努力程度。(3) 不确定性。由于公司的业绩除了取决于代理人的能力及努力程度外,还取决于许多其他外生的、难以预测的事件,委托人通常很难单纯根据公司业绩来对代理人进行奖惩,而且这样做对代理人也很不公平。

2.1.2 公司治理理论

公司治理是在委托代理关系的框架下进行研究的,如何解决委托代理问题也是公司治理所面临的核心问题。公司治理的概念最初产生于英国,该词 1937 年由 Berle 和 Means 在著作《现代公司与私有财产》(*The Modern Corporation & Private Property*)中所提出。此后随着公司制企业的迅速发展,公司治理理念迅速被欧美其他发达国家所接受,许多学者开始研究公司治理。对于公司治理的内涵和概念,学者们也纷纷提出了自己的看法和见解:有些学者认为公司治理就是要全面维护所有者(委托人)的利益,采用一定手段使经理人全心全意经营企业,将资金投资给好的项目以赚取利润,而后把收益作为红利返还给所有者;有些学者认为公司治理是股东、经理层和董事会之间的关系权衡,合理的公司治理可以通过制度安排对三者进行监督和制衡;还有些学者认为公司治理是一种组织安排,是对企业各种权利和义务关系的分配,公司治理的目的就是解决各方利益冲突问题。

由上述定义可见,公司治理是多层次多维度的概念,既可以包含企业内部权利义务制度安排(主要是对董事会和经理等这些企业经营管理人员的选聘、监督和权利义务安排),又涵盖了企业其他制度安排,诸如利润分配、财务制度、风险管理、企业未来发展规划、员工和管理层激励机制等。有的学者将代理成本分为第一类和第二类代理成本:第一类代理成本为因股东和代理人之间的冲突而产生的代理成本,第二类代理成本为因大股东和中小股东之间的冲突而产生的代理成本。因此,相对应的,解决代理成本问题也分别被称为第一类和第二类公司治理问题。除此之外,还有学者把公司治理机制分为内外两部分:内部治理机制主要是通过对企业监督、决策和执行等权利进行合理安排,以保持企业的正常运作;外部治理则是依赖市场竞争的力量，通过经理人市场、产品市场和各种金融机构等外部力量来监督企业行为，迫使企业各方当事人循规蹈矩、自我约束。多年来，公司治理一直是热点研究问题，许多学者对其展开了理论和实证研究，主要包括企业所有权性质、股权集中度、董事会规模和结构、制度安排和组织结构等。随着研究的深入以及企业自身的不断实践，越来越多的人意识到，仅靠企业内部建立起来的公司治理机制并不能有效解决委托代理问题，具体表现在企业管理层滥用职权、大股东侵占小股东利益、股东侵害债权人利益等方面。虽然有学者提出可以通过改进董事会的职能来弥补公司治理的不足，但董事会在履职时仍然受到许多限制：成员单一，本身与管理层关系亲密；并没有以保护股东权益为目标；独立性不够，只会附和管理层的决策等。因此，许多企业的董事会都面临着职能虚化的问题。既然内部监督机制不可靠，企业便需要借助外部的监督机制来制约管理层的权力。此时，机构投资者作为大股东和证券市场参与者，同时具备了内部和外部监督者的功能，为缓解代理问题和改善公司治理提供了另一种可能性。

2.1.3　信息不对称理论

最早关注信息不对称现象的是美国经济学家 Akerlof、Spence、Grossman 和 Stigjiz。他们指出在市场交易中，买卖双方掌握的信息处于不对等的状态，在这种不对等状态下，掌握信息较多的一方可能会利用信息优势为自己谋取利益，做出损害对方利益的行为，从而导致市场不均衡和整体效率降低。信息不对称可以存在于任何市场，表现为交易各方掌握的信息数量与质量不同、信息来源渠道不同和信息了解时间不同。在委托代理关系中，代理人往往更具有信息优势，而委托人则处于信息劣势状态，这种对信息掌握的优劣势差异最终可能导致两个后果：逆向选择和道德风险。逆向选择是指交易双方在信息不对称情况下，信息优势方向信息劣势方隐瞒、篡改或操纵相关信息，以损害信息劣势方利益为代价，获取自身的最大利益；道德风险是指在交易双方签订契约后，由于信息劣势方不便于观测和监督契约执行的过程和效果，信息优势方通过各种行为侵占对方的利益。在公司治理中，由于信息不对称导致的逆向选择和道德风险可能会给企业带来一系列问题，由于代理人刻意隐瞒企业相关信息，委托方为避免自身利益受到损失而选择退出市场不进行投资，再加上无法区分哪些企业有投资价值，从而影响资本市场的资金供给和企业融资，降低资源配置效率。无论是经理人利用信息优势侵占股东利益，还是股东利用信息优势侵占债权人利益，都会引发企业代理问题，最终损害企业价值。

相较于其他市场，由于资本市场的交易程序更为复杂，涉及多方交易参与者，隐瞒和篡改信息的手段也多样化，因此信息不对称问题更为严重和复杂。我国资本市场发展时间尚短，许多政策法规还未完善，金融创新又层出不穷，这对于我国金融监管制度的设置也是一个全新的挑战，加上我国资本市场存在大量的中小股东，他们获取信息的成本较高，难以获得资本市场的有效信息，是信息劣势方，因此我国资本市场信息不对称问题不容忽视，逆向选择和道德风险引发的严重代理问题，也是公司治理需要解决的问题。

在资本市场上，股东、债权人、经理人及各个机构投资者都是重要的参与者，是企业相关信息的使用者和需求者。经理人和大股东作为企业最重要的两方当事人和信息拥有者，他们从维护自身利益的角度出发，企业相关信息是以符合他们的利益需求为标准披露出来的，因此这些信息无法全部符合信息真实性、准确性和及时性要求。在这种情况下，中小股东和债权人难以通过披露出来的信息来了解企业真实状况，信息分析能力又往往有所欠缺，因而经理人和大股东侵占中小股东和债权人利益的事件时有发生，逆向选择和道德风险不可避免，形成了由于信息不对称而导致的代理问题。此时，完全依靠企业内部治理机制或经理人和大股东的自律行为来避免企业信息不对称问题是不现实的，无论是相关部门规定的强制性披露，还是企业的自愿性披露，都不能完全解决信息不对称问题，需要借助其他外部治理机制来监督企业经理人和大股东，而机构投资者形成的新兴治理机制，可以在一定程度上发挥治理作用。一方面，机构投资者是企业股东，又兼有受托人的身份，其职责是使受托资产保值增值，以便通过在资本市场上进行交易并获取利润，故需要获取企业相关信息，因此有动机去搜集上市企业信息；另一方面，机构投资者是专业的投资机构，有大量的专业分析人才，具有较强的信息搜集和分析能力。这些先天客观条件优势决定了机构投资者持股后会参与公司治理，一方面可督促企业经理人尽可能对外公布企业相关信息，另一方面也可将自己通过各种渠道搜集到的信息公布出来，从而减少企业内外部信息不对称。此外，机构投资者获得企业相关信息后进行交易，这些信息也会反映到机构的投资决策和企业股价上，最终传递给资本市场上的其他投资者，从而间接降低了企业与投资者之间的信息不对称程度。因此，机构投资者持股后具有一定的监督和信息传播中介作用，能在一定程度上缓解企业内外部的信息不对称。

2.2 融资结构理论

2.2.1 早期融资结构理论

美国财务学家 David Durand 是早期融资结构理论的创始人，他于 1952 年在总结和分析企业融资结构时，基于负债对企业债务及风险的不同程度影响，将有关融资结构理论的观点划分为三种理论。

（1）净收益理论

净收益观点认为，若债权资本在公司融资结构中所占比重较大，公司的净收益也就相应越多，因而公司的价值就越高。在净收益理论中，一般假设投资者都以固定的收益率来计算企业的净收益，并且企业的全部负债都能够通过固定利率获取。这种假设条件表示，利率固定的情况下，如果企业的负债越来越多，企业的资本加权平均成本率反而会下降，负债融资虽然提高了企业的负债率，但企业的市场价值却由于资本成本的降低反而提高了，由此，企业采用负债融资也是有利可图的。

（2）净经营收益理论

与净收益理论观点不相同的是，净经营收益观点认为，从公司融资结构角度考虑公司价值，债权资本所占比重大小与公司价值大小毫无关系。该理论假设投资者计算企业的净经营收益，都是用固定利率计算。与净收益理论一样，该假设下企业同样能以固定利率取得所需的全部负债，不同的是该理论认为，不论企业负债率如何变化，对企业总价值都不会产生影响，因为加权平均资本率是固定不变的。该理论概括起来就是，企业的市场价值与融资结构之间不存在逻辑关系，也就不存在最优融资结构的问题。

（3）折中理论

折中理论认为适当地增加负债并不会让企业负债明显增加，也不会带来更大的权益资本风险，在一定负债范围内，企业的权益资本收益率是相对稳定的；但企业不能毫无节制地增加负债，当负债超过一定规模，企业的权益资本成本率就会随着负债的上升而上升，直至达到一个节点，然后随着负债比例的增加而下降。因此，它是对净收益理论中最大限度地负债经营和净经营收益理论中不存在最优融资结构的折中表述。

2.2.2 MM融资结构理论及其修正理论

(1) MM融资结构理论

美国著名经济学家 Modigliani 和 Miller 在 1958 年提出 MM 融资结构理论，在符合该理论基于假设的条件下，可以认为公司的市场价值和融资结构之间没有关系，这是对 MM 理论的简单概括。MM 理论模型主要经历了以下三个阶段的发展：

不考虑公司所得税和个人所得税阶段。在不考虑税收因素的模型下，企业融资结构对总支出不会产生影响。在一定的融资结构中，企业价值并不会随着企业负债的增加而增加，主要是一定范围内的负债增加带来的利益会被随之增加的权益资本所冲抵，也就表示企业的价值和加权资本成本都不受融资结构的影响。

单纯考虑公司所得税的阶段。在这样的假设框架下，国家的法律支持能够将利息支出抵消，国家的税收依然有所保障，企业的整体收益水平依然能有所提升。随着所得税数额的增加，企业的价值在税收比例达到百分之百时实现最大化。

将公司所得税和个人所得税都放在可以考虑的范围之内的阶段。在考虑公司所得税和个人所得税的情况下，因为负债的利息是在税前扣除的，属于免税支出。在一定程度上的可以减少企业的筹资成本，从而提高企业的价值。MM 模型的改变对企业价值产生很大的影响，在这种假设条件下，企业能够节约成本。从假设框架整体来说，虽然税收免除直接影响了企业的市场份额，但还是保持比例为正的；而如果企业因素作为主导因素来起作用的话，其他方面同样会产生较大影响。企业努力扩大免税的范围在非主观意识上也扩大了负债的份额。

(2) MM融资结构修正理论

修正后的 MM 理论增加了关于成本这个因素的假设条件。该理论认为，企业应该重视借款的作用，借款越多，企业的市值也就越大。MM 修正理论在考虑公司所得税因素的条件下，认为债务融资的利息能在税前列支，是因为财务杠杆系数提高会产生减税作用，公司的价值也随之增加，这时候企业应更多地采取负债融资的方式。但由于边际效益递减规律，企业的市值到一定时间点会由于借款的持续增加反而减小。

2.2.3 新融资结构理论

新融资结构理论作为企业融资理论的一个新研究方向，在对企业融资问题的研究上没有过多在企业外部因素和税收作用或导致破产的原因上纠结，而是对企业内部原因进行分析，把融资理论的特点转化为结构和制度问题进行考虑。

(1) 权衡理论

MM理论的后续发展中，Robichek等人认为可以有破产情况，提出了权衡理论。该理论同时考虑了负债带来的利益与成本之间的权衡，致力于达到合适的融资结构。首先，权衡理论中加入了代理成本理论，代理成本是出现在两权分离后的，即在经营权与所有权分离后出现的。资本家投入资本创办企业，但不亲自经营，而是雇用有能力的人来进行管理运营，而所有者给管理者一定的报酬，两者之间形成一种委托代理的关系。而有的时候，管理者的目的是自身利益最大化，这与企业利益最大化之间可能会相互冲突，而所有者为了解决这一冲突所发生的成本叫作代理成本，它会使企业价值减少，比如审计费用就是一种代理成本。现在，代理成本还包括债权人对股东和高管进行约束所付出的成本，比如在贷款时约定各种限定条件可能会影响企业的盈利情况。其次，权衡成本理论还引入了财务危机成本，理论上也叫财务困境成本，是指企业在财务管理出现管理型问题，或者企业破产时的成本。具体来说，财务危机成本可以分为外观型和隐藏型。外观型是指履行所有法律程序所付出的费用。隐藏型成本主要是指收入的减少，比如：发生财务危机时也不能迅速解决，致使企业无法正常运作而少赚的现金流；发生财务危机时，客源流失，顾客可能会因担忧未来的售后服务而不愿意上门造成的收入减少；发生财务危机时，企业会处于一个更劣势的地位，供应商可能会伺机提出各种条件，例如要求现金交易，甚至劣质客户伺机侵入造成坏账成本等情况。所以该理论提出企业价值是指无债务的企业价值加债务的税盾价值，刨除财务危机成本。企业举债水平提高，相应的成本也会增加，若负债不断增加总会抹平负债的税盾收益；当企业的负债比例达到一定的值时，企业的每股收益会随着负债的增加而减少。当财务危机成本与代理成本之和与边际节税收益相等时，企业就达到了最优融资结构。但由于财务危机成本与代理成本很难准确地计算，所以企业的最优融资结构也很难准确确定。在此基础上，权衡理论也揭示了三种情况：一是资产价值的不确定性比较高，且不改变其他条件时，企业应降低财务杠杆。由于财务杠杆的存在，如果企业在经营活动中存在较高的风险，企业收益的变动幅度也会比较大，如果企业盈利水平较差，那么不论企业的财务杠杆高低，企业出现财务危机的风险都会增大。其他条件不变时，财务危机成本越大，企业的价值就越低。但为了充分发挥财务杠杆效应，经营风险较低的企业可以适当用较大的负债减税效应来抵减企业预计的财务危机成本。二是企业的资产结构中，有形资产占比较大的企业，比如生产不动产的企业，一般不动产的价值较高，可以适度提高负债的比例。而无形资产占比较大的企业，比如商标权、专利权等价值比较高的企业，负债水平应当低一些，因为财务危机成本包括破产成本，所以企业的财务危机成本并不是依据企业当前的经营状况进行估计，同时也要将破产后所面临的种种状况考虑在内。而企业陷入财务危机时，无形资产一般会贬值得更多，尤其是企业接近倒闭时，类似商标这类无形资产可能已经没有价值，会使企业付出巨额的破产成本。三是企业所得税率的不同也会影响企业的最佳负债比例。税率较高的企业可以用负债成本抵减更多财务危机成本，所以在财务危机成本与代理成本抵减完税盾效应前，企业可以适当地调高负债比例。

(2) 代理成本理论

代理成本理论是 Jensen 和 Meckling 两位学者合作提出的。该理论是关于信息不对称造成企业内部不同利益主体自身利益受损的理论。解决和理解信息的不对称下的企业融资结构问题，也就是优序企业理论、代理理论以及财产所有权理论所分析的问题。该理论认为，任何的外源性融资都会产生代理成本，如果代理成本的总和由所有者承担的话就是最好的融资结构。代理成本理论研究者在对代理成本与融资结构之间的关系进行研究时发现，财务杠杆系数的增加会导致公司债务的违约风险的增加，公司债权资本的增加会导致债权人监督成本的增加，这时更高的负债比率是债权人所需要的。

(3) 信号传递理论

信号传递理论就是将 Spence 的信号理论引入融资结构理论中，信号传递理论只是一种研究方法，不论信息准确与否，都是使用它来研究企业用什么样的方法才能将自身价值信号最有效地传递到市场中去，投资者又如何通过信息来选择正确的投资。由于存在不正确的信息，企业就需要用更准确的方式传递企业信息，使有投资意愿的投资者了解到企业的真实价值。信号传递理论认为，在公司价值被低估的时候，公司往往会减少债权资本所占比重，反之亦然。

信号传递理论认为，企业与投资者所获得的信息具有不对称性，这也是信号传递理论的基本观点。因此，在这种情况下，企业内部人员所发出的信号会对企业的客户以及投资者产生影响。Ross 的信号传递模型认为，投资者只能基于企业发出的信号来间接地评估企业的价值，企业内部的融资结构就是给予市场的一个信号。Leland 和 Pyle 则提出了公司内部人员的持股比例应与企业价值正相关，企业内部人员持股比例越高，说明对企业未来的发展有较好的预期。例如当企业对外宣告分派股利时，投资者因对企业内部信息了解得不够充分，只能通过企业的宣告对其运营能力以及盈利水平进行判断，当股利较高时，投资者往往会做出企业运营状况良好、企业盈利水平较高的判断，从而加大投资力度。企业与顾客之间的信息不对称研究则主要是在市场营销方面，涉及企业的声誉等，也同样会影响投资人的决策。

(4) 融资优序理论

融资优序理论最先发现信息存在不对称问题，并且将这种问题带到企业融资理论当中进行研究。该理论认为，当信息不充分时，一些企业会找理由避免发行股票等风险证券来达到投资目的，企业会为了满足自己的内部利益而不顾外界股民的真实需求。

融资优序理论认为，只要存在信息不对称的情况，企业首先采用的肯定是内部融资，因为融资成本最低；而在需要外部融资的时候，企业也会优先考虑债务融资这种成本较小的融资方式，其次才会考虑外部股权融资。总结下来就是，企业一般会按照“内部融资＞债务融资＞股权融资”的顺序进行融资。

优序融资理论也叫融资顺序理论、啄序理论，是 1984 年由 Ross 和 Myers 等人以信号传递理论为基础，对信息不对称性与企业融资结构间的联系进行了深入研究后总结出来的。该理论认为，由于发行股票的风险较大，所以一般情况下，企业会尽量避免发行股票等风险证券来进行融资，而只有在安全的情况下，企业才会采取发行证券的方式，并从风险低的证券开始发行。外部投资者认为，企业经营者在进行项目投资时，若有较好的收益预期，那么经营者往往不会愿意发行新股，把投资收益分给新股东，所以当企业为了项目融资而对外发行股票时，往往会被市场认为是企业预期的收益不佳，有人甚至会觉得只有当股价虚高时才会发行股票，从而会出现逆向选择，并导致股价下跌。加之股权融资会影响企业的控制权，所以企业会尽量避免发行股票进行融资，而债务过多可能会引发企业财务危机，所以企业最喜欢的是成本低、无使用限制的内部融资，其次是债权融资和股权融资。所以优序融资理论主要认为：企业对内部融资、债权融资、股权融资的偏好程度逐渐降低。

(5) 公司控制权理论

控制权可分成实际控制权和剩余控制权两部分。企业所有者赋予董事会和经理层的经营管理权属于实际控制权；没有契约界定的控制权，如重大投资决策、战略决策等，属于剩余控制权。公司控制权理论主要探讨剩余控制权分配及其对公司决策的影响。就公司融资而言，已有公司控制权理论认识到控制权的影响主要表现在以下三个方面：

第一，控制权的争夺会对融资类型选择产生影响。Stulz 建立的理论模型表明，针对敌意收购的威胁，经理人和投资者利益一致，为提升经理人的控制权，公司可增加负债并回购股票，这将增加接管者完成要约收购的难度，并推动股票价格的上涨。Harris 和 Raviv 假设经理人追求自身效用最大化，如果通过提高公司负债比例来实现反收购目的，那么经理人会在权衡随之而来的正、负两方面效应后，最终确定公司的融资策略。一方面，负债率提高，公司被收购的概率下降，降低了经理人下岗的风险，并使其有更高的可能性继续享受拥有公司控制权的私人利益；另一方面，由于无法通过收购来为公司配置更好的经理人，公司收益不会得到改善，原有经理人持股收益会受损。

第二，价值最大化下，控制权分配会影响融资方式的选择。Aghion 和 Bolton 假设经理人与外部投资者之间存在利益冲突，建立了一个基于两期投资的控制权分配模型。Aghion 和 Bolton 指出，如果总效用与经理人收益正相关，那么经理人掌握控制权是有效的控制权安排，则进行项目融资时应选择优先股；如果总效用与投资者收益正相关，那么投资者掌握控制权是有效的控制权安排，则进行项目融资时应选择普通股；如果是其他情形，相机转移控制权最优，则进行项目融资时应选择债务。Hart 指出，由于债务具有或有控制权的特点，公司通过债务数量和债务结构的选择，能够解决在公司破产清算价值更大时，是继续经营还是破产清算的选择问题。

第三，大股东使用控制权会对两类代理问题发挥作用，从而影响公司融资。在法律等制度对投资者保护较弱的环境下，一方面，大股东在监督经理人行为方面起着重要作用，例如，督促公司支付股利、将债务融资提升到合理水平等，从而能够缓解分散股权下股东监督的“搭便车”问题，降低股权代理成本。另一方面，过度的股权集中又会引发大股东对中小股东利益的侵占，产生严重的第二类代理问题。例如，为方便资金的占用，大股东倾向于保留更多的留存收益；为了维护自身的控制权，在普通股融资方面，大股东会迫使公司放弃对自身股权具有稀释效应的公开发行方式，而选择非公开发行方式，并可能通过注入劣质资产、进行关联交易等手段，参与非公开发行的股票融资，实现对中小投资者的财富掠夺。

(6) 融资约束理论

MM 理论认为，在完美资本市场条件下，企业的外部融资与内部融资可以完全替代，企业可以自由选择融资方式，企业的投资不会受企业财务状况的影响。但是在现实世界中，完美的资本市场条件是很难达成的，由于普遍存在信息不对称和代理问题，企业外部融资成本往往会高于内部融资成本，企业在对外融资时还需要经历一系列反复谈判和签约等程序，而这些程序也会带来高额交易费用。因此，融资约束现象在各行业是普遍存在的，任何企业在进行外部融资时都有可能受到限制，这也是资本市场上资金供需不平衡的表现。虽然企业经理人很清楚企业投资机会和现有资产状况，但企业外部投资人对此并不了解，不能准确判断是否可以对企业进行投资，导致企业在经营一些净现值为正的项目时资金需求得不到满足，并且信息不对称程度越严重，融资约束程度越高。企业内部经理人和外部投资者在可能存在代理冲突的情况下，经理人并不会全心全意地经营净现值为正的投资项目，并且可能会利用筹集的资金为自己谋取私利，给投资人带来损失，投资人为弥补可能遇到的风险只能向企业索要一部分溢价，从而导致较高的外部融资成本。融资约束的存在会导致企业偏离最优投资水平，使企业因较高的外部融资成本和交易费用而不得不放弃一些有价值的投资项目，制约企业的发展壮大。企业如果在受到较大融资约束的情况下，仍须通过对外借债进行融资，而债权人也可能因预防风险而索要高于一般水平的报酬，从而形成企业的债权代理成本。

融资约束除了会限制企业某些投资项目的经营以外，可能还会导致企业在财务决策上倾向于持有更多现金。作为企业最基础的财务决策，合理的现金持有水平有利于企业资金的良性循环和企业的健康可持续发展，但是当企业面临融资约束时，企业更可能会预先留存生产经营活动产出的现金，并通过依靠内部资金来满足融资需求，以缓解融资不足问题。通过持有现金以备满足企业未来投资需求虽然能够从一定程度上缓解融资约束，用内源资金代替外源资金，但是也会给企业带来弊端。一方面，现金是非收益性资产，而出于预防动机的考虑保留现金，会导致企业资金的闲置和无效占用，降低企业资金的利用效率；另一方面，现金作为企业流动性最强的资产，是极易被公司管理人员侵占和滥用的，经理人可能会借职位之便使自己的利益最大化，产生过度投资、在职消费、提高津贴等行为，而大股东也可以通过企业现金流侵占中小股东利益，导致经理人和股东、大股东和小股东之间的冲突加剧，增加代理成本。因此，当企业面临融资约束时，如何缓解融资约束、作出最优现金持有决策和有效监督经理人并缓解代理冲突，也是公司治理领域需要研究的问题之一。

综上可见，企业融资约束降低了企业投资效率，在财务决策上又对现金持有政策产生影响，从而不利于企业整体价值的提升，是企业需要解决的问题之一。由于信息不对称和代理问题是产生融资约束的根本原因，因此减轻企业内外信息不对称程度和缓解代理冲突就成为解决问题的办法。而机构投资者作为大股东和证券市场参与者，可以充当企业信息传播的中介，资金实力雄厚、具备专业分析能力的机构投资者有能力分析和挖掘企业内部信息，并督促企业尽可能公开披露各类信息，有助于信息的传播并降低企业和投资者之间信息不对称的程度。从治理的层面上分析，机构投资者在持有上市企业股份并达到一定数量时，就有动机去参与公司治理，有的机构投资者甚至在公司董事会占有一席之地，直接参与上市公司的决策与经营，影响企业的融资偏好和现金持有政策，有效监督和制衡企业管理层和董事会，改善治理结构和缓解各代理方之间的冲突。

第3章 文献综述

3.1 公司治理结构与融资结构理论的研究现状

公司治理问题作为一个多学科交叉的研究领域，在10年前还鲜有人涉及，如今已成为一个全球各界人士普遍重视的前沿课题。从Smith的《国富论》开始，学者们就关注到由于两权分离而产生的约束激励问题。随着企业制度的不断演进，所有权和经营权进一步分离，代理问题变得更加普遍。同时，也使公司治理这一潜在的问题逐步转化为现代公司中的现实问题。到现在为止，涌现出大量的公司治理文献和研究成果。

从理论渊源上说，企业融资理论是微观经济学的一个应用学科和企业理财学的重要内容。国外对企业融资问题的研究开始于二十世纪五六十年代，著名经济学家、诺贝尔经济学奖得主Modigliani和Miller研究了在完全竞争市场和信息对称的情况下，公司财务结构与公司价值的关系，得出著名的MM定理。之后，对企业融资问题进行研究的人越来越多，特别是进入60年代到80年代，由于企业理论、产权理论、信息经济学等微观经济理论的拓展，尤其是不对称信息论、代理理论和企业治理结构理论的引入，使这一理论取得了一系列令人关注的研究成果。纵观国外的研究，主要集中在三个方面：一是企业融资结构研究，主要包括企业融资成本、各种融资方式的成本和风险比较等内容；二是融资行为研究，包括不同的融资方式对企业出资者、经营者行为的影响等内容；三是融资与公司治理研究，主要是将企业融资模式选择与公司治理结构相联系。这一时期，有关融资结构理论的研究成果不断出新，直至现在，相关争论仍在继续，许多问题在理论上并没有达成共识，也没有建立起较为清晰的逻辑体系，都有待于进一步研究和分析。

与之相对比，中国在这两个领域的研究尤显不足。国内对企业融资问题的研究开始于20世纪50年代初，那时理论研究的中心是如何为工业化筹集必要的资金，研究的问题主要集中在通过什么样的运行机制和管理体制来集中、分配和使用工业资金。改革开放以后,随着国民收入分配格局的变化,国家改变了资金供给方式,从而引起了企业融资模式的变化,理论界开始注意企业融资问题。20 世纪 90 年代以来,随着公司制改革的逐渐深入,融资结构与公司治理之间的互动关系问题开始成为人们讨论的热点,也得出了一些有价值的观点和理论,但对于我国快速发展的公司化进程来说依然是不够的。因此,从研究的深度和广度上看,关于融资结构与公司治理的研究与讨论,目前都还存在很大的不足,不能满足现实经济的发展要求,不能为中国企业融资问题的解决提供强有力的理论指导,还有待于不断地深入和发展。

3.2 公司治理结构与融资结构关系的研究现状

治理结构与融资结构是企业理论中的两个重要问题,二者对企业绩效均有着显著的影响。此外,二者之间又存在着一定的内在联系:一方面,公司的融资结构决定公司的治理结构,债权和股权的不同结合,决定了公司的不同治理结构;另一方面,公司治理结构反过来会影响公司的融资结构,公司不同的治理模式、治理结构会形成不同的融资结构。

有关公司融资结构与治理结构关系的研究就是对公司债务与权益的相对比率与公司治理之间的关系的研究。较早的论述是由 Jensen 和 Meckling 从委托代理角度作出的。之后,这个问题就成了公司治理问题研究的热点之一,国外学者从不同角度对两者的关系展开了研究,主要可以归纳为以下几个方面:在代理理论框架下对融资结构与治理结构关系的研究;交易成本框架下对融资结构与治理结构关系的分析;对不同治理系统下债权人作用的比较分析;从竞争环境角度研究融资结构与治理结构的关系。

我国对融资结构与治理结构关系的研究到 20 世纪 90 年代才开始,较早的研究是由张维迎和张春霖做出的,他们从融资体制和委托代理角度研究融资结构与治理结构关系的思路得到后来学者的重视。从总体文献来看,我国有关融资结构与治理结构关系的研究都是将西方理论与我国国情结合起来加以分析,没有重大的理论创新。这些研究主要集中在以下几个方面:我国金融体制对治理结构的影响;从委托代理角度论述融资结构与治理结构的关系;治理结构对融资结构的影响。

第2篇

公司治理结构研究

第4章　公司治理结构的不同模式及比较

公司治理结构模式是关于公司的权利、利益、业务等在股东、经理层、董事会、监事会及公司其他利益相关者之间的分配规则和调节方法，是一整套指导和控制公司运作的制度与方法。由于经济体制、历史传统、发展阶段、市场环境、法律观念、社会和文化及其他方面的差异，不同国家和地区的公司治理结构模式是有差异的。以公司治理为核心，以所有权和控制权的表现形式为参照物，把国际上各国的公司治理结构模式划分为四种主要类型：英美市场导向模式，日德银行导向模式，东亚、拉美家族控制型模式，以及内部人控制型模式。

近些年来，经济全球化与跨国公司的大量涌现使得各国公司治理系统之间的差异正在逐渐缩小，但差异依然存在，并会因各国国情的不同而长期存在。在经济与社会国际化、全球化的进程中，了解世界上各国的公司治理结构模式的特征，并对它们进行比较研究是有很重要的意义的。

4.1　不同公司治理结构模式产生的理论背景

① “现代企业理论”认为，企业是对市场的替代，即通过组织行为来替代价格机制配置企业内部资源，以降低市场交易费用。这一替代的代价是代理人的出现和由此产生的约束、激励的成本。企业的外部环境仍是市场，企业内部的资源配置并非是纯粹的组织行为，其中含有一定的市场因素。企业在进行内部资源配置和对经理人员实施约束和激励时，核心问题是多大程度上引入和依赖市场机制。这一平衡点的确定取决于相关的成本和效益。在不同的国家，市场资源和组织资源的状况是不同的，由此也就导致了组织控制和市场控制两种不同类型的公司治理结构模式。

② 假定外部市场和内部组织状况没有明显差异，上述两种类型产生的原因就反映了主观方面的偏好，这就是“稀缺资源的最优配置理论”和“创新企业理论”的争论。市场控制和组织控制也分别基于上述两种理论。“稀缺资源的最优配置理

论"实际源于 Smith 的"看不见的手"的理论，并将其引入企业内部的资金配置。该理论认为，企业创造出的利润应通过红利分配使其回到市场中，由市场机制重新进行配置，以实现更好的效益。把利润留在企业由其组织配置，会破坏市场机制，影响配置效率，并为管理人员滥用职权创造机会。"创新企业理论"认为，创新是一个稳定的开发过程，它需要有计划、有组织和长期的分工协作，而这一过程的一个基础条件是资金的稳定来源。市场通过抽取公司的财富来增加那些追求短期效益的证券投资者的收入，会破坏组织创新、影响长期效益。除了资金外，在企业内部对股权、资产、技术专利和人员等资源的配置方面，两种理论也存在不同观点。争论的焦点同样是应由市场还是组织来配置，应鼓励流动还是保持稳定。

③ 影响公司治理结构模式的另一个理论基础是对传统的私有产权的认识。私有产权的法律基础在实践中随着企业制度的发展受到了一次又一次的挑战。从传统业主式企业到现代企业，企业的控制权从所有者、经营者、生产者三位一体的业主演变成高度分散的所有者、职业化的支薪的管理者和工人三者相互分离又相互联系的结构。从狭义上讲，产权的界定是明晰的，并受到法律的保护；从广义上讲，产权的外延已从所有者扩展到其他利益相关者，包括管理者、工人、客户、供应商、银行、社区等。组织控制派这一组织目标的形成，是建立在对产权的新的认识基础之上的：产权是一个以所有权为中心的社会关系的集合或称为产权束。在其构建的公司治理结构中也包括了利益相关者，并把承担社会责任、满足所有者和利益相关者的利益作为其重要的目标。而市场控制派仍然坚持传统的私有产权观念，从而认为实现股东利益最大化是企业追求的唯一或最重要的目标。

④ 人力资本理论也对公司治理结构模式产生着影响。把人作为一种资源，在现代企业管理中已被广泛接受；但把人作为资本，目前还仅仅是一种新的认识。现代企业中生产要素的组合方式是由资本持有者雇用管理者和工人，由此资本持有者成了企业的所有者，资本成了诸多生产要素中的核心。这种制度安排有其必然性和合理性。但需要指出的是，这种制度安排造成了一种误解，即认为企业的剩余应全部属于资本持有者，人力包括工人、技术人员和管理人员与土地设备一样是一种从属性的生产资源。人力资源理论并没有突破这个框架。在人类社会迈向知识经济时代的今天，人们越来越认识到人所拥有的知识和技能通过管理和技术创新给企业带来的价值是不可忽视的，在这个意义上，人力不仅是一种生产资源，同时也是一种资本，因而应参与企业剩余分配。由此，人力资本理论提出了一个更深刻的问题，即是谁创造了价值、谁应该拥有这些价值。市场控制派坚持人力资源只是

参与价值创造的生产要素之一，资本是价值创造的主体，资本持有者应拥有全部的剩余收入。而组织控制派认为人力资源是创造企业价值的关键，人力资源作为一种资本，应分享企业控制权和剩余索取权。

⑤ 路径依赖理论。制度变迁理论认为，初始制度确定以后，在制度的演化过程中其外部环境和自身状况会出现一种正反馈现象，并导致初始制度的强化和变化空间的缩小。比如德日的组织治理结构模式，在路径依赖的影响下，随着组织的发展，组织资源越来越丰富、完善、有效，市场资源的发展、被利用的程度越来越受制约，反之亦然。当然，制度变迁中也存在突变和创新，因为根据制度学派的理论，确定制度变迁的一个根本因素是制度运行的交易费用。

4.2　英美市场导向模式（外部监控型模式）

由于历史上的原因，英美两国在政治、经济、文化价值等方面都存在着许多相似的地方，公司治理结构模式也不例外，虽有一定的差异，但总体上是相同的。因此这里我们将两国的公司治理结构模式合在一起进行研究，可以发现英美公司的治理结构模式是典型的外部监控型公司治理结构模式，又称为市场导向模式。所谓外部监控型模式，是指在公司治理结构中，主要依赖于外部人和市场体系对各相关利益主体进行监控。具体表现为公司设立股东大会选举产生董事会，董事会是公司的经营管理决策机构，通常由外部董事和内部董事组成，而且以外部董事为主。公司不设立监事会，而是在董事会中设立“外来董事”或主要由“外来董事”组成的专门委员会，负责公司重大决策的制定和实施，负责具体的经营管理，对董事会负责。这种公司治理结构模式在很大程度上体现为一种新古典股东主权模式，公司的目标在于股东利益的最大化。

4.2.1　英美市场导向模式的形成

由于存在很强的“路径依赖性”，一国公司治理结构模式的形成与发展深受其政治、经济、历史和文化等多种因素的影响，现分别从社会历史文化和资本市场管制两个方面来分析以英美两国为代表的这种治理结构模式的形成。

(1) 社会历史文化对两国公司治理结构模式的影响

在历史和文化上，英美两国具有较深的渊源，美国曾经是英国的殖民地，并且美国的移民大部分都来自欧洲，尤其是英国，因此两国在社会文化和价值观念上就会有较多的相似性。它们是个人主义和自由主义的发源地,都崇尚个人自由和个性的张扬,强调个人权利的天然合理性以及对它的尊重与维护。因此,他们经济思想的灵魂就是"自由放任",主张追求每个个人的私利,他们把追求私利的个人视为"经济人",认为个人利益与社会利益具有一致性,个人追求私利的同时就已经促进了社会福利最大化的实现。英美两国的个人主义理念,崇尚人类个性的张扬和思想的创新,同时表现为开拓进取、从不满足的独立人格。

传统的英美企业理论认为,企业的目标就是股东利益最大化,利润越高意味着企业经营得越成功。但这种认识也受到许多人的批判,仅注重利润会使得企业偏重于物质资本的收益,而忽视人力资本应有的收益,其结果是致使经营者采取短期行为,员工采取不合作态度。

如今,英美企业逐渐转向注重人,把人员的稳定作为企业正常发展的基础。尤其是随着知识和人力资本在企业的经营活动中占据越来越重要的地位,原来单向的资本控制劳动的局面已大为改观,强调员工的参与正成为英美企业的大趋势。在激励方面,单靠物质的方式已不适应时代的要求,真正的工作动力来自员工内心的需求,一旦物质的满足超过了一定的界限,其作用就难以得到进一步提升。

当然,所有这些变化,都只是体现了英美企业文化变迁过程中的演变趋势,个人主义仍然是英美主义的基本精神。

英美两国的企业制度就是在这种社会文化中孕育、发展起来的,在公司治理结构中的具体表现就是股东权益至上、强调市场竞争对公司治理,以及利用资本市场对公司创新的支持等理念。

(2) 资本市场管制对两国公司治理结构模式的影响

不同国家资本市场的发育程度及其在企业的融资和治理中发挥的作用是有明显差别的,比如无论是从股票市场还是发行债券总额来看,美、日、德三国都存在着很大的差异。原因很多,这里主要考察资本市场管制的作用。按管制的目标和方式,资本市场管制分为新古典式管制和关系式管制两大类,Ditel 分析认为,英美的资本市场管制属于新古典式管制。新古典式管制以新古典经济理论为基础,认为在完全竞争的资本市场上,资本的配置效率最高。尤其表现在对银行的规制上,与他们崇尚竞争和自由市场经济的思想相符,他们的银企关系表现为一种距离型银企关系,这也是与他们的市场机制相吻合的。英美的这种资本市场管制能降低公司内外部之间的信息不对称,限制大股东对公司的操纵,从而促使股权分散,使资本市场在公司融资及治理结构中发挥重要作用。

4.2.2 英美市场导向模式的主要特征

英美市场导向模式的最大特点是股东高度分散并且流动性强，公司治理结构依赖于高度透明的企业运作机制和相应的较完善的立法及执法机制。

(1) 内部公司治理机制

英美公司治理机制一般遵循决策、执行、监督三权分立的原则，分为股东大会、董事会和总经理三个层次。

① 股权分散，股东大会缺乏效力

在外部监控型模式的国家中，个人有持股的传统，且公司股权非常分散。理论上讲，股东大会是公司的最高权力机构，但由于公司股权高度分散，由股东大会实施公司管理的成本昂贵，因此，股东大会不是常设机构。股东的主要目的是保全自身财产，一般不太关心公司的控制问题，因此大股东和小股东对股东大会都没有很高的热情，越来越多的股东将投票权委托给公司经理，使公司经营者掌握较大的权力，而且由于单个股东持股比例较低，也不可能对公司实施有效的控制。在这种情况下，股东们一般将管理公司的权力委托给董事会。因此，尽管公司法赋予了股东大会相应的权力，但基本上是缺乏效力的。

② 董事会履行监督职责

美国公司的董事会由股东大会选举产生，是公司的生产经营管理决策机构，通常由外部董事和内部董事组成，而且以外部董事为主。公司总经理受聘于董事会，执行董事会的决议，在经营管理上对董事会负责。但由于股权分散，使得董事的选举实际上是被作为代理人的CEO(首席执行官)或总裁操纵的。董事会的职责可以概括为两个方面：一是监督职能，即董事会充当股东的监督人，并代表股东对经营者的行为进行监督；二是受托职责，即董事会充当股东财产的受托人，并对股东负有“照管责任”。随着股东权力地位的衰落，现在倾向于要求董事会对更加广泛的利益主体承担责任，如雇员、债权人、消费者以及政府等。在美国，除了公司的总经理是董事外，董事一般都不兼任管理职务。为了解决对CEO等高级管理人员的监控问题，除了市场机制外，纽约证券交易所要求上市公司在董事会中引入非执行董事，设立由非执行董事组成的或主要由非执行董事组成的审计委员会。审计委员会的成立改善了公司的内部审计、财务控制的程序和方法，同时也加强了董事会自身的工作效率。

(2) 外部公司治理机制

由于公司股权的高度分散和频繁流动，以及股东投资行为的短期化，导致经营层权力膨胀，监督失控，制约了内部控制机制的运转效率。作为一种替代，具有外部竞争性的资本市场对公司经理人员的行为起到了重要的约束作用，资本市场主要通过对公司控制权的争夺与证券市场的信息披露机制来发挥作用。

在外部监控型模式中，资本市场发达，股权具有高度的流动性，资本市场是股东约束管理层的重要途径，公司管理层面临较大的来自资本市场的压力。如果一个公司管理不善，忽视股东利益，投资者会"用脚投票"，通过出售其拥有的该公司股票来做出反应，从而导致股价下跌，使公司面临敌意收购的危险。为了使公司的治理有序进行和资本市场的稳定，美国和英国都较早地对上市公司的股东权利和信息披露等进行了立法，并不断完善股东诉讼制度、股东申请查阅公司信息制度等，形成了一系列相互补充的股东外部监督制度和机制。政府对股东控制权市场的干预越来越强，促成了公司治理结构的完善。

4.3 德日银行导向模式(内部监控型模式)

德日的公司治理结构模式根植于"日耳曼"式的资本主义，作为后起的工业化国家代表，大都经历了一个相对人为的资本主义急速发展时期。企业受政府、工会、管理结构及银行的影响较大，资本流通性较差，证券市场不够活跃，银行等金融机构在企业间接融资中居于主导地位。因此，在以德国为代表的大部分欧洲大陆国家以及东亚的日本，以银行为代表的债权人采用了内部监控型的公司治理结构模式，这种模式又称为银行导向模式。所谓内部监控型模式，是指股权高度集中在内部人集团中，通过公司内部的直接控制机制对管理层进行监督。

4.3.1 德日银行导向模式的形成

同样由于"路径依赖性"的存在，德日公司治理结构模式的形成也有其深刻的背景，这里也主要从社会历史文化和资本市场管制两个方面来分析以德日两国为代表的这种治理结构模式的形成：

(1) 社会历史文化对两国公司治理结构模式的影响

德日两国相近的发展历史对它们的公司治理结构产生了重要的影响，在历史的发展过程中它们逐渐形成了相似的集体主义价值观、强烈的民族忧患意识和凝聚力等理念。因此,“利益相关者”的共同治理理念在公司治理结构中体现明显。

德国方面,德国历史上曾经是工人民主运动的发源地,工人历来就有参与企业管理的意识和传统。二战后,德国一分为二,东德由苏联管理,实行社会主义制度,西德由英美等国家管理,实行资本主义制度。占领军政府在联邦德国推行反卡特尔措施,之后联邦德国颁布《企业组织法》《共同决定法》等,对德国公司治理结构的发展产生了极大的影响。

日本方面,二战前,日本的大企业的股份高度集中在少数财阀家族手中,他们通过控股公司层层控制大批企业,形成一种纵向垂直的股权所有与控制体系。二战后,日本经济之所以能够迅速发展,日本的传统文化起了不可磨灭的作用。

日本文化是东方的儒家文化和西方文化的杂交。取其精华,去其糟粕,是日本民族最大的特点之一。它保留了儒家文化的许多优秀特点,如崇尚集体主义和忠诚感、个人利益服从集体利益,追求和谐一致,尊崇勤勉、节俭,强调伦理、道德对人的行为的规范作用。同时,日本又非常注意吸收西方文明的成果,如追求效率,强调竞争意识和民主意识等。再加上日本民族的武士精神和来自内忧外患的压力,使日本民族谋求生存和发展的要求特别强烈,这就形成了独特的日本文化。

所有这些文化以及之后政府出台的《禁止垄断法》《商法》等,对日本公司治理结构的发展都产生了重要的影响。

(2) 资本市场管制对德日公司治理结构模式的影响

德日等国为了通过银行系统实现对经济的强大干预,对其本国企业主要发展以银行为中介的间接融资,对企业发行股票、债券严加管制。日本将商业银行与投资银行的业务分开,只允许单个银行持有非金融企业5%的股份。在德国,政府允许银行从事商业贷款和证券投资业务,持有非金融企业的股票以及代表股东行使投票等权利。德日的资本市场管制鼓励大投资者向企业投资并参与治理,鼓励公司所有权的集中,两国的政策都在一定程度上强化了银行对企业融资及治理的控制。

4.3.2　德日银行导向模式的主要特征

(1) 股权较为集中,商业银行是公司的主要股东

目前德日两国的银行处于公司治理的核心地位。在经济发展过程中,银行深深涉入其关联公司的经营事务中,形成了颇具特色的主银行体系。某企业接受贷款中居第一位的银行称为该企业的主银行。

日本的主银行制是一个多面体，主要包括三个基本层面：一是银企关系层面，即企业与主银行之间在融资、持股、信息交流和管理等方面形成的关系；二是银银关系层面，即银行之间基于企业的联系而形成的关系；三是政银关系层面，即政府管制当局与银行业之间的关系。这三层关系相互交错、相互制约，共同构成一个有机的整体，或称为以银行为中心，通过企业相互持股而结成的网络。在德国，政府很早就认识到通过银行的作用来促进经济的增长。最初银行仅仅是公司的债权人，只向企业提供贷款，但当贷款的公司拖欠银行贷款时，银行就变成了该公司的大股东。银行可以持有一家公司多少股份，在德国没有法律限制，但其金额不得超过银行资本的15%。一般情况下，德国银行持有的股份占一家公司股份总额的比例不超过10%。

虽然德日公司的最大股东都是商业银行，呈现公司股权相对集中的特征，但是两国公司仍然存在一些区别。在日本的企业集团中，银行作为企业集团的核心，通常拥有企业较多的股份，并且控制了这些企业外部融资的主要渠道。德国公司则更依赖于大股东的直接控制，由于大公司的股权十分集中，大股东有足够的动力去监督经理层。另外，由于德国公司更多地依赖于内部资金融通，德国银行不像日本银行那样能够通过控制外部资金来源来对企业施加有效的影响。

(2) 法人相互持股，公司经营者拥有极大的经营决策权

德日公司的股权结构的最大特点就是法人相互持股，经营者在公司中居于主导地位。法人相互持股有利于加强企业经营者对公司的控制。由于法人持股的投机性较小，所以以法人持股为主的股权结构，使得股票的流动性也相对低一些，因而德日公司股东的稳定性也高于英美公司。特别是日本，由于公司之间交叉持股的情况普遍存在，公司的“稳定股东”占比很大。

(3) 对企业经营者的内部监控主要来自两方面

一是主银行的监督。主银行是公司的持股股东，在德日两国公司治理中处于核心地位。在日本的企业集团中，银行作为集团的核心，通常拥有集团内企业较大的股份，并且控制了这些企业外部融资的主要渠道。在德国，政府很早就认识到通过银行的作用来促进经济的发展。德国公司依赖于大股东的直接控制，由于大公司的股权十分集中，使得大股东(银行)有足够的动力去监督企业的经营者。

二是企业集团内部监督。在采用内部监控模式的国家，企业融资侧重于间接融资，银行与企业保持较为复杂和长期的联系，资本市场的发展程度一般逊于采用外部监控模式的国家，内部人可以通过持有多数有投票权的股份或其他安排来控

制公司，同时对公司管理层进行直接控制。

（4）双层治理结构

以德国、日本为代表的大陆法系国家，在公司法上仿照政治上的立法、行政和司法三权分立的做法，将公司的决策、执行、监督三种权力和职能分开，设置了股东大会、董事会、监事会，分别作为公司的意思决定机构、业务执行机构和监督机构。公司治理结构模式比较典型地体现了制衡分权的管理原则，这种模式又称为大陆模式。这种模式由于在公司股东大会之下设置董事会和监事会，分别行使业务执行和监督的功能，因而被称为公司组织体系的双层制。德日公司治理结构中监事会的地位有所不同（见图4－1、图4－2）。

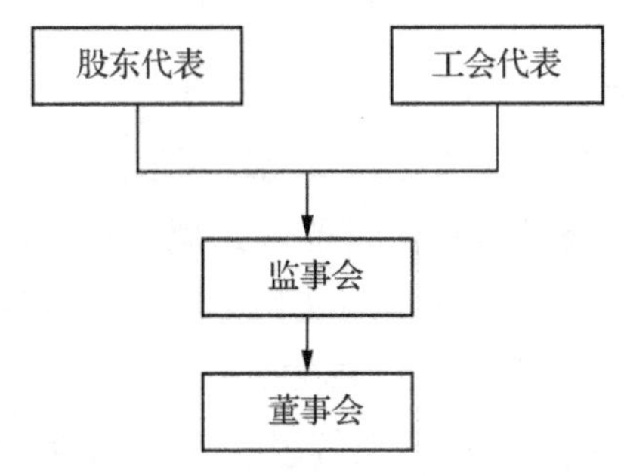

图4－1　德国公司治理结构

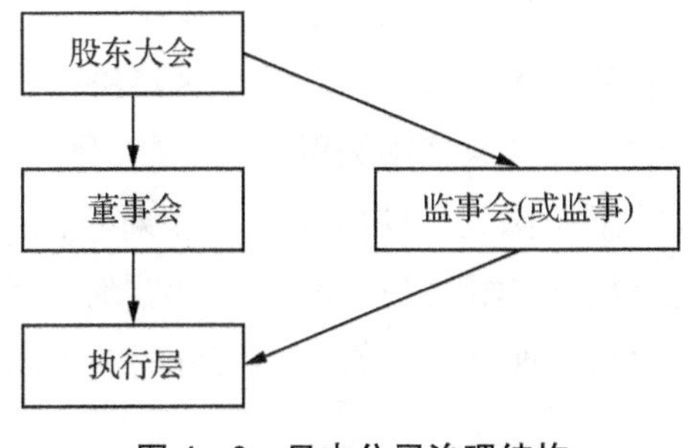

图4－2　日本公司治理结构

4.4　东亚、拉美家族控制型模式（家族控制型模式）

家族控制型模式以韩国为代表。在韩国的公司中，家族资本的影响非常大，不仅中小企业为家族和个人所拥有，且许多大财团也常是由某一家族直接或间接控制。这种家族控制型模式主要表现为两种形式：一是家族直接控制下属企业，小规模财团属于这种情况；二是家族通过控制核心公司和非营利财团，核心公司再持有下属公司的股份，从而实现间接控制。

属于家族控制型模式的，还有东南亚国家以及我国台湾、香港地区的大部分公司，这些公司主要被华人家族及其伙伴所支配，由家族控制的董事会掌握实权。这些国家和地区之所以选择家族控制型的公司治理结构模式，与其深厚的儒家文化底蕴具有紧密的关系。

4.4.1 家族控制型模式的形成

本部分主要从社会历史文化和资本市场管制两个方面来分析家族控制型模式的形成：

(1) 社会历史文化对家族控制型模式的影响

东亚和东南亚地区是受儒家文化影响比较深远的一个区域，包括朝鲜半岛、日本、新加坡以及我国台湾、香港等地区都受到过儒家思想的极大影响，历史上都盛行过儒学思潮。这些国家和地区的民族文化传统也都有深深的儒家思想的烙印。所以，儒家文化的人文特征也就深深地影响着这些国家和地区市场主体的行为，形成了它们独特的工业文明特征：① 强调等级秩序、集体协调和政府的权威；② 重视家族关系与利益和现代企业经营理念的融合；③ 重视教育投资。总之，儒家伦理思想和价值观念对这些国家和地区的现代公司治理产生着重大的影响，并以极强的团体凝聚力促进了东亚及东南亚这些国家和地区经济的迅速发展。

以家族控制型模式的代表国家韩国为例，对韩国文化影响最大的是儒家思想，儒家思想渗透在韩国人的意识深处。儒家文化注重对学问的研究，韩国很重视教育问题，尤其重视人格教育。韩国国民是勤劳的国民，刻苦耐劳，且富有忍耐性。

韩国的传统儒家文化与企业文化间有密不可分的关系，纵观韩国的企业文化，有以下几个特色：

① 重视个人品行。企业重视员工的品行，分别表现在企业的经营理念和企业实际的管理过程中。

② 以忠于企业为荣。韩国企业文化提倡忠于职守，主张对家庭、对社会、对部下、对自己负责。

③ 强烈的等级观念。恭敬上司，不犯上，尊重他人，顾体面。在韩国企业中等级观念很强，强调家长的绝对权威，同时也注重对其成员给予温情，形成了韩国企业中企业主或上司权威主义与温情主义并重的双重领导方式。

④ 重视血缘、地缘、学缘等特殊关系。在韩国企业中，特别重视血缘、地缘、学缘关系，企业的所有权与经营权大都采取世袭制，有关系的人常常被委以重任。

⑤ 重视教育与培训。韩国企业对员工的教育与培训包括：对员工进行企业精神和文化灌输；对员工进行职业再培训。

（2）市场机制发育的不完善对家族控制型模式的影响

根据企业发展的生命周期理论，家族企业有其发展周期规律，其发展的趋势是逐渐地向公众公司或“经理式”企业演变。有两方面的原因影响着这一过程的转变：一个是企业自身发展的历史时间；另一个就是市场环境的发展程度。在发达国家，市场经济体系发育得比较完善，大型公司大都采用所有权与经营权相分离的现代公司制度；而东亚及东南亚国家和地区的市场经济发展起步比较晚，市场经济体系发育得还不是很成熟，尤其是资本市场、经理市场等，发育程度都不是很高，相应的，约束经理人员行为的法律规范等都不是很完善。所以，东亚及东南亚国家和地区的家族企业被现代公司替代的过程就缓慢于市场经济历史悠久的发达国家。

4.4.2　家族控制型模式的主要特征

在采用家族控制型模式的国家和地区的企业中，治理从法律上与其他市场经济国家没有太大的区别，但是家族资本无处不在，这一情况造就了家族控制型治理模式。其主要特征：

（1）公司股权结构

东亚及东南亚国家和地区公司的家族治理模式的股权结构最主要的特点就是股权主要掌握在以家族为主要控股人的股东手上。在这些国家和地区，家族为了掌握公司大部分的股权从而达到控制公司的目的，主要采用以下三种方式：① 发行具有不同投票权的股票。家族成员拥有的和其他股东拥有的不同类型的股票被赋予不同的投票权，这样公司的控制权就被牢牢地掌握在这个家族的手中。② 家族控股公司之间交叉持股。控股家族通过组建企业集团让其集团内公司相互持股来掌握远大于其股权份额的控制权。③ 金字塔式控股。控股家族通过一种类似于金字塔式的纵向层级控股方式来控股，通过居于这个金字塔的顶端来逐级控制多个公司。后两种方式在东亚及东南亚许多国家和地区为法律所许可，因此成了这些国家和地区家族企业广泛使用的增加控制权的方式。

（2）企业决策家长化

由于受儒家伦理道德准则的影响，在家族控制型企业中，企业的决策被纳入了家族内部决策序列，企业的重大决策如创办新企业、开拓新业务、人事任免、决定企业的接班人等都由家族中的往往是企业创办人的家长一人做出，家族中其他成员做出的决策也须得到家长的首肯。

(3) 经营者激励约束双重化与家庭式的企业管理

在家族控制型企业中，经营者受到来自家族利益和亲情的双重激励和约束。与非家族企业经营者相比，家族企业经营者的道德风险、利己的个人主义倾向发生的可能性较低，用规范的制度对经营者进行监督和约束则没有必要了。但这种建立在家族利益和亲情基础上的激励和约束机制，使家族企业经营者承受很大的压力，并为家族企业的解体留下了隐患。

在管理方式上，韩国和东南亚国家的家族企业不仅把儒家关于“和谐”和“泛爱众”的思想用于团结家族成员上，而且还应用在对员工的管理上，在企业中创造和培育一种家庭式的氛围，使员工对企业产生归属感和成就感。韩国和东南亚国家的家族企业对员工的家庭式管理，不仅增强了员工对企业的忠诚度，提高了企业经营管理者和员工之间的凝聚力，而且还减少和削弱了员工和企业间的摩擦和矛盾，保证了企业的顺利发展。

(4) 企业的外部治理

在采用家族控制型模式的国家，银行作为政府干预经济活动的一个重要手段，是由政府控制的。一个企业的生产经营活动只有符合政府的宏观经济政策和产业政策要求，才会获得银行的大量优惠贷款，否则就很难得到银行的贷款。企业为了生存和发展，都纷纷围绕政府的宏观经济政策和产业政策从事企业创办和经营活动。这种情况使得家族企业受到来自银行的监督和约束力度较小，而受到的外部约束更多的是来自政府。

4.5 内部人控制型模式——以中国上市公司为代表

在内部人控制型的治理结构中，董事会中多数董事是经理人员，管理层既控制了战略决策机构，又控制了经营管理机构。此时的管理层存在巨大的道德风险和机会主义，他们倾向于建立自己的企业王国。过高的职务消费、职务津贴、反收购的设计等就是这类企业的特征，为了保证实现这些个人利益，企业常采用过低的负债、不分配股息以及偏好股权融资等方式，使大量现金流留存在企业内部并利用这些留存资本进一步扩大公司规模。

4.5.1　内部人控制产生的根源——委托代理理论的解释

委托代理理论对内部人控制产生的根源给出了精辟的解释：简单来说，委托权与代理权的分离以及由此所导致的信息不对称性是“内部人控制”产生的根本原因。两权分离所产生的必然结果就是：第一，假定委托人、代理人均为效用最大化的理性人，均以追求自身利益的最大化为目标，因此，委托人与代理人的目标可能不一致。委托人（所有者）的目标是单一的，就是追求企业价值最大化；而代理人（经理人）的目标是多元的——既追求其个人的收入，也追求权力、地位及在职消费等。当两者利益发生冲突时，代理人有可能会放弃所有者的利益而追求自身的利益。第二，委托人与代理人的信息是不对称的。委托人是外部人，不可能直接观测到代理人选择了什么行动，能观测到的只是一些变量，充其量只是代理人行动的不完全信息。因此，代理人可以利用自己的信息优势谋求个人的利益。信息的不对称性可能发生在事前，也可能发生在事后：一般将事前的信息不对称问题称为逆向选择问题；事后的信息不对称问题称为道德风险问题。“内部人控制”问题就是典型的道德风险问题。

4.5.2　内部人控制型模式的主要特征

我国是典型的采用内部人控制型治理模式的国家，这部分主要从我国上市公司治理的现状与存在的问题角度介绍内部人控制型模式的特征。

有效的公司治理是市场转轨成功的关键。对中国企业而言，转轨的特殊性决定了中国的公司治理与其他三种模式截然不同。中国的公司治理已经远远超出了传统意义上的公司治理问题，它涵括了企业内部激励监管机制、企业竞争环境（法律体系、金融系统）和市场结构等。

(1) 我国上市公司治理的现状

① 股东大会是公司的权力机构

股东大会行使下列职权：决定公司的经营方针和投资计划；选举和更换董事，决定有关董事的报酬事项；选举和更换监事，决定有关监事的报酬事项；审议批准董事会的报告等。

② 董事会对股东大会负责

董事会行使下列职权：执行股东大会决议；决定公司的经营计划和投资方案；决定公司内部管理机构的设置；制定公司的年度财务预算方案、决定方案，制定公司的利润分配方案；制定增资或减资方案；制定公司的基本管理制度；聘请公司经理，根据经理提名聘请公司副经理、财务负责人等。

③ 公司经理对董事会负责

公司经理行使下列职权：主持公司的生产经营管理工作；组织实施董事会决议；聘请或解除有关管理人员；列席董事会会议。

④ 监事会

监事会由股东代表和适当比例的公司职工代表组成。董事会成员、经理、财务负责人不得兼任监事。监事会主要职权是检查公司的财务，监督公司董事、经理的行为。

⑤ 外部独立审计

对于外部独立审计事务所的聘请，公司法并没有明确的规定。

(3) 我国上市公司治理存在的问题

上市公司内部治理结构是股东大会、董事会、监事会对企业管理者进行内部直接监控的机制，它们各司其职、协调运转、相互制衡，是公司治理的主体。我国上市公司的股权中，国家股和法人股占较大比例，而大多数上市公司的国家股和法人股的所有权都是属于国家的。由于国家作为所有者不能直接行使产权权力，所有者"缺位"，公司经营层只是"国有资产"的代理人，他们被委托行使对上市公司的经营权，但由于其背后没有所有者的强硬监督和约束，在事实上却行使着所有者权力，这种特殊的"委托代理"关系构成了我国上市公司特殊的内部人控制型公司治理结构，也是引发一系列公司治理问题的主要根源。

一些由国有企业改制重组建立股份有限公司存在以下几方面的问题：改制重组方案不合理，未能在资产、业务、人员、机构、财务等方面真正独立于控股公司；我国资本市场的不完善，国家股和法人股很难在市场上实现流通和转让；上市公司治理结构中缺乏对"内部人"进行激励和约束的有效机制。这几方面的问题引发了一系列具有中国特色的"内部人控制"的恶劣现象，即公司经营层既可以作为国家股的代表不理会中小股东的意见，又可以作为内部人不理会国家这个大股东的意见，从而做出既损害中小股东利益，又损害国家利益的行为，如：股东大会、董事会、监事会形同虚设，监事会没有对会计信息的真正需求和监控动机；大股东大搞内幕交易，"掏空"上市公司，侵犯中小投资者的利益；会计机构完全为企业管理层所控制，信息披露不规范、不透明甚至被恶意操纵；从股东到高级管理人员缺乏公司治理的自觉意识；缺乏对经理人员有效的激励与约束制度；中小股东在实践中更倾向于"搭便车"等。我国上市公司治理结构中存在的问题在"琼民源""郑百文""银广厦""黎明"和"猴王"等典型事件中得到了充分体现。

第 5 章　我国公司治理结构

5.1　我国公司治理结构的现状及存在的问题

公司治理结构的概念起源于 20 世纪中期的西方世界，当时科学技术变革，社会生产能力空前提高，企业的发展规模随之扩大，业务范围也逐渐变得多元化，企业所有者一人管理整个企业的难度加大，于是股东开始聘请职业经理人帮助自己管理企业，公司治理结构也就应运而生。从广义上来说，公司治理结构可定义为一种能够有效处理公司因所有权与经营权分离所产生的委托代理矛盾、实现大中小所有股东利益最大化并且提高公司抗风险能力的治理机制。

在国际社会中，被学者们广泛接纳的公司治理结构主要有英美等国家的“外部监控型模式”和日本、欧洲等国所推崇的“内部监控型模式”，这两种治理模式并没有好坏之分，各自都有自己的优势，适合于不同的社会经济发展环境。首先，“外部监控型模式”利用较为发达的资本市场环境和完善的法律体系，通过市场这只无形的手所发挥的作用来对企业进行治理。该模式下公司股权高度分散，个人持股是主要形式，并且股权在市场作用下拥有高度流动性，投资者通过买入与抛售股票的方式对企业经营状况作出反应，给予经营管理层较大的资金业绩压力，进而降低了委托代理风险。其次，“内部监控型模式”更加注重公司内部治理机制的构建，与英美模式下依靠资本市场提供资金不同，该治理结构中股权相对集中，资金主要来源于股东注资和银行融资，具有高度的稳定性，并且设置独立的监事委员会部门来对董事、经理层的行为进行监督，进一步维护了各利益相关者的利益，而该模式下市场的约束力量相对被弱化。

我国企业中所应用的公司治理结构模式与日本、欧洲国家所采用的“内部监控型模式”相类似，由股东大会、监事会、董事会、经理层这四个管理层面构成了立体式互相约束管理机制，如图 5 - 1 所示。股东大会由全体出资股东构成，是企业中拥有最高决策权力的机关，其中占股比例较大的股东以列席会议的方式行使表决权，中小股东则通过网络媒体等方式表达自己的决策意见。董事会由股东大会决策选出，作为企业日常运营活动的实际决策者，对全体股东负责。其主要责任有三点：一是制定并完善企业发展的战略决策，提高企业的可持续运营能力；二是对企业聘请的经理层进行监督制衡，确保公司内部事务处理的高效性；三是协调企业发展中各利益相关方之间的冲突，在确保股东利益最大化原则下，使各利益相关方的诉求得到满足。此外，为了进一步对董事会中从事企业日常管理工作的执行董事进行监督约束，一般会选举不参与公司业务管理的独立董事对执行董事的决策进行监督管理。经理层则是由董事会决策聘请的企业管理专业人才，以薪资作为劳务报酬，是企业业务经营与发展战略的执行者，负责协调处理企业各部门在运营活动中的沟通衔接问题，且其劳务报酬水平与公司经营业绩相挂钩。监事会则是独立于董事会与经理层之外的直接向股东负责的监管部门，成员包括股东大会选举的代表、员工选举的代表和外聘专家学者。其主要职责是对董事会与经理层的经营决策进行监督管理，并将监管意见于股东大会上报全体股东决策。

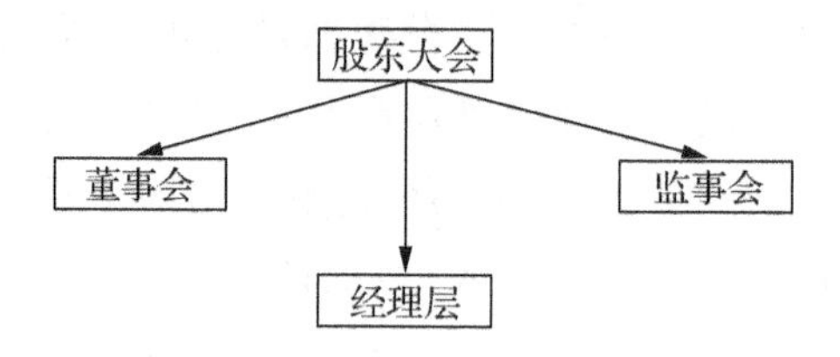

图 5-1　我国公司治理结构图

监事会是公司运营中所必需的内部监管机构，监事会的设立能够有效提高董事会与经理层决策执行的科学性，约束管理层滥用职权、谋取私利等非法行为，进而保障企业的长久可持续发展。

我国公司治理结构模式是在日本、欧洲国家等常用的“内部监控型模式”的基础上，根据我国社会发展实际情况形成的。其是基于“三角形稳定性”原理而构建的多维互相约束机制，将分权与制衡原则体现得淋漓尽致，能够最大限度地保证企业运营发展的稳定性。改革开放 40 多年来，我国在公司治理结构的优化上不断进行着探索，尤其是国有企业进行了从简政放权，到承包责任，再到管资产等系列改革，不断释放生产力，优化现代企业治理路径。但是，因为我国公司治理结构中借鉴西方模式的部分，与现实企业运营发展之间存在较多脱节之处。主要表现在以下几个方面：

① 股权结构失衡。一方面，国有企业中国家资本为了控制股权，一般占比都

要超过 50%，以致中小股东的权力被掩盖；另一方面，在民营企业及外资企业中，公司股权集中于创始人家族或投资机构中，大股东对企业运营发展拥有绝对控制权，实际上并不存在对其行为进行制约的机制。

② 董事会决策独立性丧失。由于股权结构失衡问题的存在，导致大股东掌握股东大会的发展方向，而董事任职是由股东大会决策产生，因此董事会更多地服务于控股股东，而不是考虑全体股东的利益或公司整体的发展。

③ 监事会空有其表。与国外由退休职工、专业顾问等利益无关方担任监事不同，我国上市公司的监事由股东推荐和员工代表担任，其所监督管理的无论是董事会还是经理层，一般都是公司的高级管理者，因而监管意见也就很难被完整充分地表达，监事会逐渐成为空架子。

④ 经理层委托代理矛盾突出。由于我国资本市场相关法律体系相对不健全，加之监事会对企业高管监督的作用有限，经理层更多地会利用职权来谋取自身升职、加薪、完善履历等利益。董事会对职业经理的监管考核，主要从公司财务报表的业绩、利润等指标着手，而财务报表的完成又受到经理层的管理，因此粉饰报表、盈余管理等手段层出不穷。

5.2　优化我国上市公司治理结构的对策

现阶段，我国的公司治理模式存在诸多不足，建立合理的公司治理结构，可以形成相互制衡体系，从而提高上市公司资金使用效率，防止出现因“内部人控制”而造成的投资的随意性与资金使用的无效率。借鉴其他国家的公司治理模式，笔者对优化我国上市公司治理结构提出如下建议。

5.2.1　完善我国上市公司内部治理结构的对策

完善上市公司的内部治理结构主要应该从加强内部监控和发挥激励机制入手，具体可以从以下几个方面进行完善：

(1) 适度地减持国有股，降低上市公司的股权集中度

国有股“一股独大”是上市公司非理性股利政策形成的制度基础，使上市公司的股东大会不能有效地保护中小股东的利益；同时，国有股的不可流动性抑制了控制权市场的发展，这不仅违背了股份经济的本质要求，而且也扭曲了股票市场的资源配置功能。

国家可以通过采取明确立法，确立实施国有股减持的组织体系、范围、程度和方式，确定国有股转让价格及受让方等措施来适度减持国有股。

（2）大力培育法人股和合格的机构投资者，充分发挥投资专业化的优势

发达市场经济国家的经验表明，投资机构的成长对于强化公司治理结构具有重要作用。我国的法人股和机构投资者与发达国家是不一样的：发达国家主要是基金、保险机构、信托机构和投资银行等专业性金融机构，而我国主要是一般的工商业企业、事业单位等法人实体。但是我国目前正大范围推广社会保险和住房公积金制度，这无疑给培养基金和机构投资者市场提供了一个契机。

（3）建立和完善独立董事制度

我国可以通过法律规范独立董事制度，增强独立董事的独立性并在经济激励等方面完善我国的独立董事制度。

（4）完善我国上市公司高级管理人员报酬合约

我国上市公司中经理层的薪酬仍主要由传统的基本工资和年度奖金构成，即使目前已实行一定的股权激励机制，但其更大程度上仍是年薪制下的股票奖励，而非严格意义上的与公司长期利益挂钩的股权激励计划。这种薪酬制度的弱点是只与公司现期或上期业绩挂钩，而与公司的未来价值没有关系，因此很容易造成经理人员的短期行为，不能激发经理人员为股东的长期利益进一步经营的积极性。为了解决上述困境，各种包括股权激励在内的激励计划已成为激励经理层的主要途径。

我国的上市公司可以结合自己的实际情况，建立一个适合自身的基于多角度考虑的科学合理的员工激励机制和与之相适应的健全的业绩评价制度，这样不仅可以充分利用企业的人力资源，还可以发挥相应的监督控制作用。

5.2.2 完善我国上市公司外部治理结构的对策

公司外部治理结构的完善主要是依靠包括资本市场、经理人市场等在内的各外部市场自身固有的灵活性、激励和约束性质来实现的。

（1）大力完善资本市场

资本市场的完善程度直接制约企业的筹资效率和筹资成本，完善的资本市场可以提供正确的信号、合理的估价以及适当的服务。对资本市场而言，“用脚投票”机制是“用手投票”机制的强有力的保障，同时也是防范代理人“道德风险”和“逆向选择”的最后一道防线。

(2) 建立有效的偿债保障机制，提高银行对企业的监控力度

在我国资本市场和经理人市场还没有完全建立之前，加强债权相对集中的银行对上市公司的监控，对于降低各种代理成本具有重要的现实意义。因此，我国在进行企业制度改革的同时，也要大力加强现有金融制度以及国有银行制度的改革力度，促进国有银行产权制度、组织管理制度的创新和完善，充分发挥银行作为债权人对企业的监控作用，从而弥补股东无法真正监控企业经营者的不足。

(3) 建立完善的经理人市场

完善的经理人市场可以对经营管理人员的行为进行约束。若经营管理者的业绩很好时，经理人本身的"价格"就会上升，那么经理人就会获得利益与名誉双重报酬，从而能激励其更好地为企业工作，进而达到委托人与代理人的双赢效果。反之，若公司经营不善，经理人自身"价格"便会下降，从而在经理人市场上失去需求。这种经理人市场自身的约束作用可以很好地监控企业经营者的行为，从而解决两权分离条件下委托人与代理人之间的两难问题。

(4) 完善市场的法制体系，健全法律环境

政府应该通过强制手段不断建立健全各种法律法规，加强宏观调配，对市场进行严格管制，从而达到上市公司通过市场进行自身治理结构的优化完善，促进自身健康发展，以实现利益相关者利益最大化的效果。

第3篇

公司融资结构研究

第6章 我国融资结构的发展历程

我国融资结构的发展是在经历了新中国成立之初比较特殊的计划经济时期的基础上所进行的。改革开放以前，我国实行中央集中控制的计划经济体制，这一时期单一的国家银行体系结构保障了财政金融物资的集中管理与按计划配置，在稳定经济、快速实现工业积累和集中财力开展必不可少的基本建设项目等方面发挥了不可替代的作用，但也导致了整个金融体系活力的缺乏和金融机构运行效率的低下，阻碍了生产力的进一步发展和社会经济的进步。起始于20世纪70年代末的改革开放和不断深化的市场化改革，使我国在经济体制、对外开放战略等方面经历了巨大变迁，与之相伴，融资结构也发生了显著的变化。融资结构基本上可以分为以下四个时期：一是计划经济下的融资集中控制期，二是改革开放以来的现代融资结构重构期，三是市场化改革下的融资结构加速调整期，四是市场经济下的融资结构深化发展期。

6.1 计划经济下的融资集中控制期(1949—1978年)

新中国成立之后，受历史与国际形势等多方面因素的影响，我国从政治制度到经济体制都无一例外地借鉴了苏联的发展模式。高度集中的计划经济体制要求从生产、资源分配到产品消费等社会经济生活的各方面都由中央进行集中控制，并以指令性计划的手段进行逐级分配。

为适应计划经济体制下高度集中的分配机制，我国的融资结构在这一时期也发生了巨大转变。一方面，所有私有的以及公私合营的银行业机构均以并入中国人民银行的形式实现了国有化，中国农业银行、中国建设银行和中国银行等仅存的为数不多的几家专业银行逐渐成为中国人民银行内部或财政部领导下专营某项特殊业务的部门，并最终形成了中国人民银行统揽全国一切金融业务的局面；另一方面，1952年起，国家逐步限制并最终停止了股票以及企业债券的发行，证券交易所活动随之停止，1955年到1959年期间，银行信用以外的其他商业信用均被明令禁止，包括商业票据、国外借款、国内外公债在内的金融市场工具也相继被停止，各种直接融资工具不复存在。

在计划经济下的融资集中控制期，我国的融资结构呈现出以下特征：第一，融资渠道极其单一。全社会的储蓄资金均归集于财政部及其附属的国有银行，并由其以资金配给的形式为企业拨付生产经营所需的资金。财政拨款成为这一时期企业唯一的外源融资渠道，非银行金融机构逐渐被排斥在金融体制之外，存贷款作为唯一的金融工具得以强化，形成了单一的财政性融资结构。第二，银行业高度集中。隶属于财政部的中国人民银行长期以来既承担着货币金融政策制定、金融监管和支付清算等中央银行的职能，还履行着吸收存款、发放贷款等商业银行的职能。这一时期所形成的单一的国家银行体系，实质上就是一种典型的垄断性极强的银行业结构，由于不存在银行间的竞争，长期来看势必造成资金配置效率的低下。第三，市场的作用被完全否定。资本市场建设一度中断，商业票据、股票、债券等直接融资工具和交易市场逐渐消失，致使资本市场的资金融通、资源配置以及风险分散等多项功能无法有效发挥。

6.2 改革开放以来的现代融资结构重构期(1979—1991年)

伴随着十一届三中全会的召开，我国走上了经济改革之路。放权让利、分灶吃饭使计划经济体制下被压抑的创造力释放了出来，推动了国民经济的快速增长。但是，各种“放权”“让利”举措的实施同时也弱化了财政资金的供给能力，使原来依赖财政投资的模式无法再持续。动员、引导储蓄向投资转化，建立有效的融资机制，成为中国经济发展的必然选项。因此，这一时期金融领域改革的重要任务就在于打破计划经济的长期垄断，重构以市场化为基础的现代融资结构。

现代融资结构重构的第一步是打破中央财政的绝对垄断地位。中国人民银行于1978年从财政部划出，从1979年到1984年，四大国家专业银行陆续恢复或从中国人民银行和财政体系中分离出来，并逐渐摆脱行政束缚成为名副其实的银行，同时明确了中国人民银行的定位——不再办理一般银行业务，专门履行中央银行职能。现代融资结构重构的第二步是尝试构建多元化的银行业格局。交通银行等股份制商业银行、深圳发展银行等区域性商业银行、中信实业银行等全国性商业银行相继成立，中国香港南洋商业银行等外资银行陆续被批准在中国设立分行和代表处；同时，城市信用合作社、财务公司、国际信托投资公司等非银行业融资结构也相继成立。现代融资结构重构的第三步是培育金融市场。改革开放以来,同业拆借、国债回购、票据贴现等货币市场业务快速恢复和发展,同时国库券、企业债券、金融债券和外币债券等资本市场业务也逐步放开。

改革开放以来的现代融资结构重构期,我国的融资结构呈现出以下特征:第一,融资渠道从单一的财政拨款转向不断健全的间接融资。融资渠道的拓展得益于多元化银行业和非银行业金融机构的建立,及其业务的扩张和资金配置功能的增强。以央行为领导,国家专业银行为主体,多种金融机构并存的金融体系在改革中逐渐形成。第二,银行业内部竞争性较差。虽然银行已摆脱了财政的束缚,成为相对独立的专业银行,但无论从资产规模还是劳动力分布上看,四大国有银行都占据绝对主导地位,银行业本质上仍然是为国有企业的生产经营提供金融服务的。第三,不同于快速发展的间接融资,这一时期的直接融资方式相对匮乏。债券市场的发行与交易仍处于初步探索阶段,分散的股票市场虽已萌芽,但并未形成统一的组织,资本市场体系尚未建立起来。

6.3　市场化改革下的融资结构加速调整期(1992—2000年)

改革开放初期,以银行体系为核心的间接融资得到了快速发展与完善,然而,债券市场和股票市场等直接融资的发展则明显滞后,严重抑制了资金供求双方之间的投融资活动。随着市场化改革的不断深入,构建健全、有序的金融市场成为金融领域改革的重点。

20世纪90年代初,上证和深证两大证券交易所的相继设立,标志着中国股票市场真正进入规范化运行阶段。随后,B股市场的建立,H股市场和N股市场的开放,开放式与封闭式基金等交易品种的增加,进一步丰富了资本市场的层次。债券市场在改革初期的基础上也得到了进一步发展,并呈现出跨区域和规范化的特点。到20世纪末,中国的资本市场已成为仅次于日本的亚洲第二大资本市场。在资本市场规模不断扩张的同时,1992年中国证券业监督管理委员会的设立也表明了资本市场规范化管理与金融风险防范措施的加强。伴随资本市场的快速发展,银行业体系也得到了进一步发展与完善。三家政策性银行于1994年成立,使得政策性业务彻底从四大国有专业银行中剥离出来,并奠定了后者商业化转型的基础。政策性金融业务和商业性金融业务使银行的筹融资等功能得以恢复和强化,为中国经济的转轨与起飞提供了有力的资金支持,成为中国改革发展奇迹得以实现的重要支撑。随后，民生银行等民营商业银行、上海银行等城市商业银行相继成立，信托投资公司、租赁公司、小额贷款公司等非银行金融机构不断涌现，进一步推动了多元化银行业体系的形成。

市场化改革下的融资结构加速调整期，中国的融资结构呈现出以下特征：第一，随着间接融资和直接融资的快速发展，融资渠道得到进一步拓展。以银行体系为主导、金融市场为辅的融资结构，成为社会固定资产融资和社会生产资金的主要提供者，担负起支持实体经济发展和社会进步的重要职责，促进了国民经济的快速增长。第二，银行业内部所有制形式更加多元化。从改革开放之初单一的国有银行演变为以国有银行为主体，股份制银行、民营商业银行、城市商业银行并存的多元化银行业结构。第三，以债券市场和股票市场为代表的资本市场得到了长足发展。在促进社会资源优化配置，降低国民经济宏观杠杆率，分散银行体系金融风险的同时，也为社会公众提供了与经济增长相匹配的财富成长机制。

6.4 市场经济下的融资结构深化发展期(2001年至今)

2001年底，中国正式加入世界贸易组织，受入世承诺和WTO协定的约束，中国的金融体系不得不在地域范围和业务范围等方面加快对外开放的脚步。这对于国内的融资结构调整来说既是一个严峻的挑战，也是推动金融改革进程的一个难得的机遇。

市场经济下的融资结构深化发展期，金融领域深化改革的成果主要体现在以下两个方面。一方面，中国的银行业逐渐由封闭走向开放。在经历了二十多年的改革开放后，中国的银行业虽然取得了长足发展，但仍存在国有银行产权不明晰，四大行高度垄断等不符合市场经济运行的突出问题。为规范银行业的公司治理结构，以适应金融业全面开放和国际竞争的需要，四大国有银行立足各自股份制改造的不同特色，在国家外汇注资等系列政策的支持下，通过财务结构重组、成立股份有限公司、引进战略投资者以及公开发行上市等几个阶段，相继完成了股份制改革并成功上市，开始了发展的新阶段。

另一方面，金融市场的市场化改革继续向纵深推进。伴随着中国金融市场规模的逐步壮大，金融业综合经营发展趋势和金融分业监管体制机制之间的矛盾，中小企业轻资产运营与过高的融资门槛之间的矛盾，上市审批制度的制约与资本市场活力释放之间的矛盾等也在日渐暴露。为化解上述矛盾，我国的金融市场进行了一系列改革：首先，金融监管架构经历了由“一行三会”向“一委一行两会”的转变，金融监管协调机制得到切实加强，货币政策、财政政策、监管政策、产业政策之间的协调机制更加有效，以中央银行为核心的宏观审慎管理理念和框架逐步确立，系统性风险防范机制进一步强化。其次，经过近十年的筹备，通过“三步走”计划的执行，中国金融市场于2009年正式推出了完整而独立的创业板，其门槛低、风险大、监管严格的特点有助于有潜力的中小企业获得融资机会。最后，为解决现行股票发行核准制所带来的核准成本高、效率偏低等问题，注册制改革呼声强烈，然而由于在多层次市场体系建设，交易者成熟度，发行主体、中介机构和询价对象定价自主性与定价能力，大盘估值水平合理性等方面，中国资本市场都存在和实施注册制改革不完全适应的问题，因而注册制改革还需要通过较长的“准备期”来稳步推进。

总的来看，我国的融资结构发展历程主要是沿着三条线索展开：一是从计划走向市场，也就是由财政资金供给转向金融发挥融资主渠道作用；二是从单一走向多元化，金融产品、金融工具与金融机构不断丰富，银行业所有制日益多元化，多层次资本市场建设日益完善；三是从封闭走向开放，计划经济体制下形成的僵化、闭塞的金融制度不断瓦解，全方位开放型的融资结构逐渐形成。

6.5　本章小结

本章从历史变迁的视角，考察了中国融资结构的发展历程，将中国融资结构的发展历程划分为四个时期：计划经济下的融资集中控制期、改革开放以来的现代融资结构重构期、市场化改革下的融资结构加速调整期、市场经济下的融资结构深化发展期，并依次剖析了不同时期中国融资结构的演化背景、基本特征及变动方向。

第7章　我国公司融资结构

7.1　我国公司的融资结构背景及融资方式

7.1.1　我国公司的融资结构背景

随着我国市场经济的发展，融资是一个企业生存的命脉，而融资结构又是其重中之重。融资结构既是一个关系到公司发展的微观问题，又是一个关系到国家经济发展的宏观问题。通过资本市场筹集资金已日益成为我国企业尤其是上市公司越来越重要的融资渠道。在我国资本市场快速发展、上市公司数量日益增多、上市公司融资行为逐步市场化并进入后股权分置时代的现实背景下，我国上市公司在融资结构选择方面面临着诸多问题，迫切需要做出更切合我国实际的研究成果。

融资结构通过企业行为和资本市场运行影响企业经营绩效的增长和稳定。随着中国经济健康稳步的发展、资本市场机制的不断完善和投融资体制改革的逐步深化，中国的上市公司面临更多的融资渠道选择，由于历史、认识、现实等方面的原因，我国上市公司形成了特殊的融资结构现状，且与优序融资理论所指出的"内源融资——债权融资——股权融资"企业融资顺序相冲突，即偏好外源融资，特别是偏好股权融资，这一冲突反映了我国现存融资行为可能存在缺陷。

7.1.2　我国上市公司的融资方式

上市公司融资的来源主要有内源融资与外源融资两种渠道，其中内源融资主要是指公司的自有资金和在生产经营过程中的资金积累部分，即留存收益与折旧。内源融资不需要实际对外支付利息或股息，不会减少公司的现金流量；同时，由于资金来源于公司内部，不发生融资费用，故内源融资的成本远低于外源融资。外源融资又可分为通过银行筹资的间接融资和通过资本市场筹资的直接融资。直接融资又包括股权融资和债权融资：股权融资是企业通过出让所有权形式直接向投资人筹集资金，包括首次上市募集资金、配股和增发股票等；债务融资是指企业通过借贷方式，向债权人筹集资金，主要包括从银行贷款和发行公司债券等形式。

7.2　我国上市公司融资结构现状及存在的问题

7.2.1　我国上市公司融资结构现状

融资结构是指各金融主体借助金融体系进行融资的过程中，从不同来源筹集的资金的组合及其相互关系。现代金融体系主要包括以银行贷款形式提供间接融资服务的金融机构体系和以企业债券、股票等形式提供直接融资服务的金融市场体系，不同体系各自发挥特有功能为资金融通提供相应的金融支持。根据中国研究数据服务平台（Chinese Research Data Services，CNRDS）数据库提供的历年中国社会融资规模及组成数据，笔者对2002—2018年的中国社会融资情况做了分析。

如表7-1所示，一方面，从社会融资规模总量上看，中国的社会融资规模获得了较快的发展，从2002年的39 793亿元增长至2018年的344 146亿元，16年内增长了近8倍之多，保持年平均14.4%的快速增长，同时也要看到中国社会融资规模总量的增长存在较大的波动性，其中，2004年、2011年、2014年、2015年和2018年这5年的社会融资规模增长率均为负，而2009年社会融资规模增长率则高达99.7%（见图7-1）；另一方面，从社会融资规模的组成上看，无论是银行融资、企业融资，还是股票融资，总体上均处于增长之中，其中，银行融资由2002年的38 798亿元增长至2018年的315 784亿元，年均增长率为14.0%，企业融资由2002年的367亿元增长至2018年的24 756亿元，年均增长率为30.1%，股票融资由2002年的628亿元增长至2018年的3 606亿元，年均增长率为11.5%，由此可见，在中国社会融资规模的各项组成中，企业融资的发展速度最快，银行融资次之，股票融资的增长速度最慢。

表7-1 中国社会融资规模及组成(2002—2018年)

单位:亿元

年份	股票融资	企业融资	银行融资	融资规模
2002	628	367	38 798	39 793
2003	559	499	66 661	67 719
2004	673	467	55 511	56 651
2005	339	2010	56 952	59 301
2006	1 536	2 310	80 698	84 544
2007	4 333	2 284	111 624	118 241
2008	3 324	5 523	129 260	138 107
2009	3 350	12 367	260 061	275 778
2010	5 786	11 063	260 456	277 305
2011	4 377	13 658	233 980	252 015
2012	2 508	22 551	285 014	310 073
2013	2219	18 113	319 557	339 889
2014	4 350	23 817	294 459	322 626
2015	7 590	29 388	266 107	303 085
2016	12 415.56	30 024.62	307 825.29	350 265.47
2017	8 758.67	4 421	368 584.49	381 764.16
2018	3 606	24 756	315 784	344 146

资料来源:笔者根据中国研究数据服务平台(CNRDS)数据库统计数据绘制。

在从总量视角分析中国社会融资规模及其组成的基础上,我们进一步从结构视角出发,基于表7-2和图7-2对中国的社会融资结构做分析。随着经济的不断增长,以企业融资和股票融资为代表的直接融资获得了较快发展,然而,在中国的社会融资结构中,以银行融资为代表的间接融资始终占据主体地位,银行融资的占比基本保持在80%以上,2018年这一比例为91.76%,比2002年的97.50%下降了5.74个百分点;从2002年到2018年,在直接融资体系中,企业融资的占比仅上升了6.27个百分点,而股票融资的占比甚至出现了下跌。

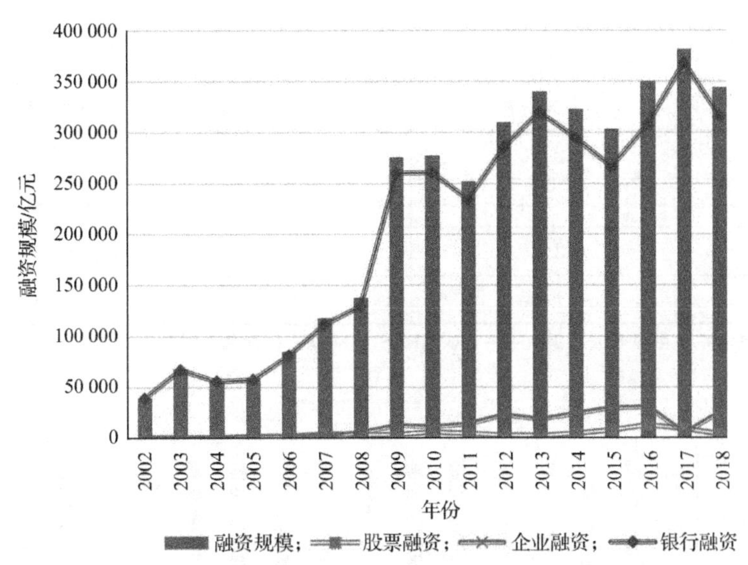

图 7-1　中国社会融资规模(2002—2018 年)

资料来源：笔者根据中国研究数据服务平台(CNRDS)数据库统计数据绘制。

表 7-2　中国社会融资结构(2002—2018 年)

单位：%

年份	股票融资占比	企业融资占比	银行融资占比
2002	1.58	0.92	97.50
2003	0.83	0.74	98.44
2004	1.19	0.82	97.99
2005	0.57	3.39	96.04
2006	1.82	2.73	95.45
2007	3.66	1.93	94.40
2008	2.41	4.00	93.59
2009	1.21	4.48	94.30
2010	2.09	3.99	93.92
2011	1.74	5.42	92.84
2012	0.81	7.27	91.92
2013	0.65	5.33	94.02
2014	1.35	7.38	91.27

续表

年份	股票融资占比	企业融资占比	银行融资占比
2015	2.50	9.70	87.80
2016	3.54	8.57	87.88
2017	2.29	1.16	96.55
2018	1.05	7.19	91.76

资料来源：笔者根据中国研究数据服务平台(CNRDS)数据库统计数据绘制。

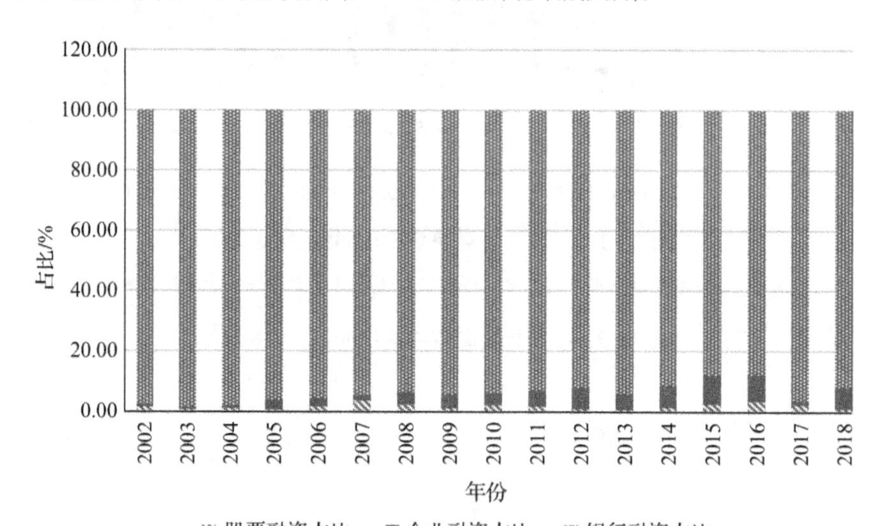

图 7－2　中国社会融资结构(2002—2018 年)

资料来源：笔者根据中国研究数据服务平台(CNRDS)数据库统计数据绘制。

图 7－3 进一步显示，2018 年以银行融资为代表的间接融资在中国社会融资结构中占比高达 90％以上，以企业融资和股票融资为代表的直接融资占比不到 10％。可见，过去十几年中，直接融资在中国社会融资结构中的占比虽然有所提升，但全社会金融资源中银行体系的垄断地位并未发生实质性变化。

7.2.2　我国上市公司融资结构存在的问题

根据上市公司融资顺序和理论来讲，国外许多上市公司都符合融资优序这一假说，即首先是偏好于内源融资，其次是债务融资，最后才是股权融资。但是我国又有不同的情况，表现在以下几个方面：

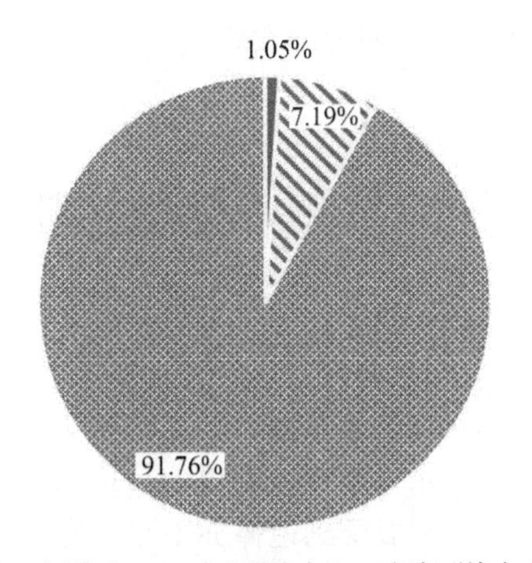

图7-3　中国社会融资结构(2018年)

资料来源：笔者根据中国研究数据服务平台(CNRDS)数据库统计数据绘制。

(1) 外源融资占比高于内源融资

内源融资在诸多融资手段中融资成本最低，国外不少上市公司将其视为最主要的融资手段，它可以降低资本成本。发达国家上市公司以内源融资为主的融资结构充分体现了内源融资的优势。但我国上市公司在融资方式的选择上，严重依赖外源融资，内源融资所占比例较低。

(2) 外源融资中，股权融资比例高于债权融资

股权融资成本相对较低。由于我国证券市场监管和运作机制的不完善以及投资者的非理性，导致价格信号失真，脱离经营业绩，市盈率高出正常水平，从而对上市公司股权融资和债权融资成本产生直接影响，导致了股权融资成本低于债权融资成本，进而影响到上市公司对融资方案的选择。上市公司往往采取各种手段，如不分配红利、低比例分配或以送股的形式分配股利等方式来降低股息支出成本。在我国资本市场上。股权融资成本低于债务融资成本，股息率受经营业绩影响，低于债券融资利率，更低于银行贷款利率等因素都导致了上市公司的股权融资偏好。

(3) 资产负债率低

首先，资金成本是导致资产负债率低的根本因素。股权融资成本偏低，企业债券或银行借款的最低单位成本均大于股权融资成本，使经理层不得不理性地选择放弃债权融资。其次，我国资本市场发展不完善，国债、股票与企业债券发展不平衡。在股票市场和国债市场迅速发展和规模急剧扩张的同时，我国企业债券市场

受到相关政策的限制没有得到相对应的发展。该现状不利于上市公司进行债券融资，以致负债比例下降。

7.3 我国上市公司融资结构存在问题的原因分析

7.3.1 一股独大是问题产生的根源

国有股、法人股一股独大直接导致实际上市交易的流通股比重偏小，相对于旺盛的需求，供给明显不足。这是我们探讨上市公司负债比例偏低的原因时必须考虑的一个事实。因此，IPO与配股受到追捧亦不足为奇。一股独大还表现为上市公司的绝对控制权仍掌握在少数大股东手中，少数大股东的意志左右着上市公司的决策，如大股东有权决定股利分配政策，不派股利或微利政策使得股权筹资成本极小，而只有在其需要现金时才会高额派发股票股利。

7.3.2 法律约束是问题产生的直接原因

《公司法》中对上市公司发行债券设定了诸多限制条件，使得上市公司发行债券的门槛被抬得很高，这样就把很多非国有企业、成长型企业等有发行债券筹集资金需求的企业拒之门外，许多公司只好放弃这一融资方式，而一味地去寻求股权融资来筹集资本。2006年以前的《证券法》对于IPO与配股的规定不够明确，上市公司借此时机迅速进行股权扩张，股权融资一路飙升。因此，法律限制也是导致债权融资比例偏低的直接驱动因素。

7.3.3 经理层的风险规避本性是重要因素

资产的保值、增值是经理层致力的目标，而要实现保值重要的一点就是能合理规避风险。企业融资中，债务融资的风险较大，经理层基于自身利益，即受托责任以及个人声誉，也会顺理成章地限制债权融资规模。

7.4 优化我国上市公司融资结构的建议

7.4.1 改善上市公司的股权结构

我国上市公司“一股独大”问题成为一个通病，为了实现股权结构的优化，主要途径是实现股权分置与分散化,进而改善公司的融资结构。应加快国有股的减持,增大流通股的比例,保护非国有股东即中小股东的合法权益。

7.4.2　发展并完善债券市场,实现债券市场的市场化和多元化

在不断发展公司债券等传统债券的同时,可以增加短期债券和长期付息债券,推进债券衍生品种市场的发展。推出分离交易可转换债券等新的债券品种,以适应不同企业对不同融资方式的需求。降低债务融资的条件,拓宽中小企业的融资渠道,减轻中小企业的融资压力。

7.4.3　完善资本市场制度

完善资本市场制度,重要的是不断完善法律规范体系,建立更为严谨和完善的信息披露制度,以股东利益最大化为主要原则,保证中小股东与外部利益相关者的合法权益。同时,还要规定上市公司分红的方式与比例,规范股票市场的交易行为,进而改进上市公司的融资结构,推进我国经济的不断发展。

7.4.4　其他融资方式的创新

我国上市公司在采用内源融资、债务融资和权益融资等融资方式的同时,还可以采取其他融资形式。比如,租赁融资、BOT 融资与 ABS 融资及风险融资等。最近兴起的物流金融更是为中小企业拓宽了融资渠道,促进了我国经济的健康多元化发展。

综上所述,我国上市公司存在着较为强烈的股权融资偏好,这是由我国资本市场的发展尚不够全面和完善,上市公司还处在建设和发展之中,再加上我国特殊的经济体制和环境等因素所造成的。发展多元化的融资方式,特别是债权融资与股权融资的结合,通过分析对比和权衡各方关系,达到融资结构最优化,是上市公司未来融资的方向。同时,在分析中国上市公司的融资方式选择时,国外的融资结构理论只能作为分析背景,我们应吸收其中的精华为我所用,生搬硬套其中任何一种理论作为前提或判断标准都是不恰当的。我们应该根据国情和企业自身的实际情况,走出一条成功的具有中国特色的融资优序道路。

第 8 章　我国公司融资结构的案例分析

本章以华为技术有限公司(简称“华为”)为例,对其从初创阶段到成熟阶段的融资策略进行具体的分析,同时以融资策略与企业战略的适应性作为切入点,寻找华为战略目标与融资方式之间的联系,并分析华为融资策略选择的合理性。

8.1　华为技术有限公司简介

华为于 1987 年成立于中国深圳,是一家民营的通信类高新技术企业。华为的产品主要涉及通信网络中的交换网络、传输网络、无线及有线固定接入网络和数据通信网络及无线终端产品,为世界各地通信运营商及专业网络拥有者提供硬件设备、软件、服务和解决方案。目前,华为年营业额超过 1 000 亿美元,拥有 20 多万名员工,业务遍及全球 170 多个国家和地区,服务全世界三分之一以上的人口,连续多年蝉联中国民营企业 500 强榜首。

《华为基本法》第二章“基本经营政策”的第五节“理财与投资”第三十六条中写道:“我们努力使筹资方式多样化,继续稳健地推行负债经营。开辟资金来源,控制资金成本,加快资金周转,逐步形成支撑公司长期发展需求的筹资合作关系,确保公司战略规划的实现。”在债务筹资领域,华为有四种方式:一是集团内担保借款,二是信用借款,三是应收账款融资,四是公司债券。

担保借款、信用借款、应收账款融资的资金来源都是银行,所以华为必须把银行作为重要的资金来源,开辟更多更好的合作银行。除了这三个类型的债务,现在的华为,一个非常重要的资金来源就是公司债券,到 2017 年底,华为全部借款当中,公司债券有 291.45 亿元,占到华为总借款的 73%,债券已经是华为最重要的资金来源了。

为了发行公司债券,华为在英属维尔京群岛设立了欧拉资本有限公司和格拉资本有限公司两个全资子公司,这两个全资子公司就是用来发行企业债券的。

从 2012 年到 2019 年底,华为已经发行了 6 次企业债券了,其中只有 2 次是发行的人民币债券，第一次是2012年，发行了10亿元3年期的人民币债券，第二次是2014年发行了16亿元3年期的人民币债券，两次共筹集到了26亿元人民币。

华为的大部分借款都来自海外：2015年华为就发行了10亿美元10年期的美元债券；2016年又发行了20亿美元10年期的美元债券；2017年发行了两笔，一笔10亿美元5年期的美元债券，一笔5亿美元10年期的美元债券（不同期限的利率不一样）。这样华为主要的借款就变成"美元公司债券"了。

399亿元的总借款，约291亿元都是美元债券，除了约65亿元债券是5年期的，其余的约226亿元债券都是10年期的，利率都控制在年化3%～4%的较低水平上。

8.2　初创阶段发展战略与融资方式分析

8.2.1　初创阶段的发展战略

初创阶段的华为由于公司规模小、经营风险大，所以很难得到社会各部门尤其是金融机构的认可。商业银行等金融机构因为华为缺少可以用于抵押的固定资产而不愿意为其提供信贷支持，另外由于当时我国资本市场不完善，几乎难以取得风险投资基金的资金支持，同时政府性的股权投资也是华为难以获得的。为了结束代理生产的经营模式，扩大业务规模，开发新产品新技术和抢占市场份额，华为经过多次的尝试都难以得到资金支持。1992年信贷政策的变化，更是给华为的发展蒙上了一层阴影，绝大部分行业的经营效益都出现大幅下滑，华为的市场占有率也出现下降，研发资金十分紧张，再加上得不到商业银行的信贷支持，资金短缺成为制约华为发展的重要原因。所以，维持公司运转和开拓国内市场成为华为在初创阶段的主要战略目标，但是通过常规的融资方式很难取得发展所需的资金，华为的发展遇到了巨大的挑战。

8.2.2　初创阶段融资方式分析

(1) 特殊时期的民间借贷

1991年为了改变代理生产的经营模式，探索自主研发生产的道路，华为开始转变经营理念，寻求新的发展历程。当时，由于公司实力有限，难以取得金融机构的资金支持，甚至连员工的工资都难以发放。为了支持公司生产和研发活动等正常业务的持续进行，任正非（华为创始人）不得不到处寻求资金支持，但由于公司规模非常小，同时缺乏公司信用和用于抵押的固定资产，因此很难从商业银行等金融机构获得信贷支持。在经历了多次的融资失败后，为了维持公司的正常经营发展，华为不得不以24%的年利率向高利贷寻求资金支持。在如此艰难的条件下，华为第一款有自主知识产权的交换机得以诞生。1992年华为在众多竞争者之后开始研究万门数字程控交换机，为了筹集巨额研发费用，任正非再次尝试民间借贷，再次通过借30%年利率的高利贷来解决资金缺口问题。虽然如此高的利率使得华为面临着极高的财务风险，但正是由于这些资金的及时补充，华为在初创阶段的正常运营和新技术的研发得以持续，这为以后的发展创造了一个良好的开端。

(2) 初试内部权益融资

20世纪90年代初期，市场上各大通信企业纷纷开始研究万门数字程控交换机，华为也加入研究的队伍中，为了应对激烈的市场竞争，华为不得不加大科研资金投入，缩短产品的研发与上市周期。另外，在研究过程中需要大量研发人员的参与。当时的华为很难从银行和资本市场获得资金支持，为了解决融资困难的问题，同时也为了吸引更多的员工来支持研发活动的进行，华为开始尝试通过发行内部股票来获得资金和留住人才。当时华为发行的第一期内部股票的发行价为10元/股，每年以税后利润的15%为基数来计算分红。在华为入职满一年的员工都可以参与内部股票的认购，根据不同员工的绩效和职位等因素所能认购的数量不同，员工可以使用年终奖来支付所认购的内部股票，如果员工有其他原因无法支付所分得的内部股票，华为出面与商业银行达成担保协议，公司可以为员工在银行信贷中提供担保，进行银行贷款。

当年华为员工的平均工资在1万元左右，每年内部股票的分红大约为0.7元/股，员工的平均持股数量在1.5万股左右，员工每年获得的分红就与工资相当，所以内部股票对于员工十分具有吸引力。另外，发行内部股票相较于债务融资不需要按时向外部支付利息，可避免承担较高的财务风险，而且相较于公开发行股票，也不需要考虑代理和股东控制权变化的问题。通过实施内部权益融资政策，一是解决了企业资金短缺的问题，二是稳定了技术团队，增强了核心技术人员的企业归属感，充分激发了技术人员的知识和智慧。由于此次内部权益融资取得了很好的融资效果，在之后的发展过程中，华为不断完善股权融资方式，所以此次内部股权融资为以后进一步的权益融资打下了坚实的基础。

(3) 成立合资公司，抢占市场份额

为了新产品发布后能顺利开拓国内市场，在华为发展的初期，与各种战略合作伙伴成立合资公司成为华为解决资金短缺问题的又一种重要方式。在合作协议中规定，合资公司注册后，要把自己的注册资金存到有可能提供贷款的银行，并抓紧解决贷款问题。这使得合资公司在当地银行有了用来作为信贷担保的资金，使合资公司更容易获得当地银行的信贷支持。1993 年华为与邮电部门合资成立了第一家合资公司默贝克电源公司，到 1997 年全国范围内共有 18 个省的电信局成为默贝克电源公司的股东。除了每年回馈股东丰厚的分红回报，合约还规定成立之初合资公司是独立法人，待华为公司股票上市时，可以变更为统一法人，同华为一起上市，股东所持有的股份可以一同上市交易。1998 年华为与铁通成立北方华为，其后华为又与各地政府、电信管理局按照共负盈亏、共担风险的原则，分别成立了河北华为、山东华为等共计 27 个合资公司。从本质上讲，在成立合资公司的模式中，华为通过技术入股，全国各地的邮电部门通过资金入股，这充分发挥了华为的研发能力，而且在取得资金之后这些资金又将进一步支持华为的研究工作，这种良性的循环加速了华为的发展。并且合资公司的成立还使华为与合作伙伴之间形成更加紧密的利益关系，加快了华为开拓国内市场的脚步。

8.3　成长阶段发展战略与融资方式分析

8.3.1　成长阶段发展战略

21 世纪初，由于互联网泡沫被刺破，全球信贷规模收缩，经济增长放缓，华为的主要业务也受到了猛烈的冲击。面对经济环境的变化，在国内市场已经占据龙头位置的华为决定积极进军国际市场，要在全球范围内设立网点机构，但是受到世界经济不景气冲击的华为，在资金方面遇到极大的困难。另外，华为改变了原来的不生产终端设备的产品策略，大力进军 3G 和国外 CDMA(Code Division Multiple Access，码分多址)市场。为了构建高效的产品开发战略，缩短新产品开发周期，在 IBM 的帮助下，华为开始向 IPD(Integrated Product Development，集成产品研发)模式转型。同时，华为内部出现了大范围的员工懈怠，甚至技术骨干跳槽到对手企业的现象，这对华为从生产到研发的各个环节都产生了巨大的影响。进军国际市场、进行产品策略转型和留住骨干员工成为这一阶段华为的主要发展战略。

8.3.2 成长阶段融资方式分析

(1) 出口信贷，加速进军国际市场

进入21世纪，华为逐渐在内地坐稳中国电信设备供应商第一把交椅，同时逐步将战略目标转换为做全球领先的电信解决方案供应商。当时中国内地3G市场还迟迟没有启动，为了抢占全球3G市场的业务，华为决定先从中国香港寻求突破。由于当时香港移动运营商SUNDAY Communications Ltd.(简称SUNDAY)的财务状况不佳，为了完成与SUNDAY的合作，华为与SUNDAY签订合约，合约约定SUNDAY将通过华为的供应合约获得出口信贷机构支持的银行融资。这笔9亿港元的设备应付款项由中国进出口银行、中国银行等几家商业银行联合提供贷款，再由SUNDAY购买华为的设备，将钱慢慢放进华为的口袋。在与SUNDAY合作成功之后，华为又多次使用出口信贷的方式进行融资。

华为所采用的出口信贷方式主要有2种：

第一种方式是由华为向国外的进口商提供延期付款的信贷支持。通常的做法是在出口合同签订之后，进口方首期支付20%左右的货款，剩余80%的货款出口方将在产品制造或交货期间从出口方银行以中长期贷款的形式取得，以用于产品生产期间的资金周转。后期，进口方将按照合同规定的利率和时间分期支付货款和利息，收到进口方支付的货款和利息之后，出口方再将收到的货款和利息偿还给出口方的银行。

另外一种方式是由出口方银行直接向进口方银行提供信贷支持，这样进口方银行就能将货款以现金的方式支付给出口方。进口方银行可以按照进口商原计划延期付款的时间陆续向出口方银行归还贷款。至于进口商对进口方银行的债务，则由它们在国内直接结算偿还。

在与SUNDAY的合作取得成功之后，2004年2月，中国进出口银行又为华为提供了价值6亿美元的出口信贷，用于包括中国香港在内的境外市场的开发及拓展。2004年11月，国内29家银行与华为成功签订了3.6亿美元的借款协议。该信贷借款为3年定期放款和循环放款，华为利用这些资金加快了进军国际市场的步伐。为帮助华为进一步开展海外销售业务，中国工商银行专门为购买华为通信设备的进口商提供出口信贷业务，在2009年为沙特阿拉伯运营商提供了高达5.3亿美元的买方信贷额度。另外截至2014年10月，国家开发银行承诺为华为提供300亿美元的贷款额度，贷款总额占华为境外项目融资额的68%。华为采取的这种买方信贷模式，主要的作用就是为华为在进军海外市场的过程中缩短了回款的时间，减少了应收账款，提高了资金的周转率，这样可以为华为进军国际市场提供源源不断的现金流。

（2）应收账款转让，降低负债率

2007年末，全球金融危机爆发，其中出口型企业遭遇重大创伤。由于华为超过70%的销售收入来自国际市场，这就更加使其成为被关注的焦点。由于国际性通信企业在国际业务开拓过程中，需要实行海外结算，回款的周期比国内市场的长。因此，拥有大量的周转资金成为实现海外市场高速扩张的重要条件之一，尤其是当目标项目在一些发展中和落后国家，回款时间甚至要12个月左右，这就要求企业有充足的现金流来支持公司的运转。2007年华为在国际市场的全部销售收入占全年销售收入的52%，由于国际市场销量的增长，华为在2007年主营业务收入增长40%，但应收账款和应付账款增长得更快，而毛利率和销售净利率却不断下降。根据2008年华为公布的年报数据来看，2007年公司负债同比增长47.4%，应收账款相对上年增长54.5%，应收账款上升到公司总资产的50%以上，高于营业收入的增长率：金融危机对华为的财务状况产生了巨大的影响。华为财报提供的数据显示，华为2007年、2008年的资产负债率分别为69.56%和69.34%，离国际社会普遍认可的70%资产负债率的预警线仅一步之遥。能做到如此"精准"地控制负债率，应收账款转让业务成为华为控制资产负债率的关键。

华为通过将海外销售所取得的应收账款转让给银行等金融机构，从而提高资金的周转效率，以达到曲线融资的目的。例如，2004年华为与国家开发银行签署了一项协议，华为可以从国开行取得合计100亿美元的融资额度。而这个融资额度的主要用途就是用来进行"应收账款转让融资"。华为将在海外市场销售取得的应收账款转让给银行，银行获得该应收账款的收款权，然后银行委托华为向进口方催收该应收账款的本金及利息，并按期归集后交付给银行。同时，华为承诺如果应收账款出现坏账风险，华为将会从银行回购应收账款。很显然，这种融资方式不是常规意义上的"应收账款质押融资"，而是一种对"应收账款的转让融资"。虽然这两种融资模式都起到了把应收账款提前变现的作用，但这两种方式给融资方所带来的利益却是完全不同的。采取"应收账款转让"的方式，融资方可以获得多重附加利益。对于华为来说，采用"应收账款转让"的方式融资，不仅从银行获得了融资，而且转让应收账款融得的资金在报表上不会体现为债务，而是作为销售收入进行入账。这样做，一方面可以增加现金资产，另一方面还可以减少企业的负债，实际上就降低了企业的资产负债率。如果不是采取“应收账款转让”而是采取“应收账款质押”的方式，那么华为的资产负债率必然会处于较高的水平。资产负债率的降低，又有利于华为从其他银行获得信贷支持。通过融资方式的这点小改变，即可达到二次融资的效果，进而促进其现金流保持充沛。

(3) IPD模式下的融资变动

IPD模式是一套产品开发的模式、理念和方法，强调以市场需求作为产品开发的驱动力，将产品的开发过程作为一项投资来进行管理，这样可以大大缩短产品从研究开发到投入市场取得收益的时间。作为一家高新技术企业，华为深知产品研发的重要性，但由于当时华为的管理方面存在不足，产品开发周期仍然是业界最佳公司的两倍以上，而且尽管华为平均每年把销售收入的10%投入到产品研发中去，但研发的效率与成功率依旧不高，还是有相当一部分产品在上市之前就被取消了。为了高效地推进产品研发，华为开始寻求与IBM合作，推行IPD模式。在推行IPD模式之后，华为的产品开发周期大幅缩短，专利申请数量也出现大幅增长。在引进IPD模式之后，研发投入不断增加，对资金也提出了更高的要求。

随着新产品新业务不断问世，华为开始对非核心业务进行清理。2000年，华为高层意识到，华为必须集中所有资金与人员在核心产品上与对手进行竞争。为此，华为决定通过转让和剥离非核心业务从而为核心产品的研发提供资金。最终在2001年，华为以7.8亿美金的价格将华为电器的电源和机房监控业务转让给美国爱默生公司。此后，华为开展了多次与此类似的通过出售资产和技术以弥补资金缺口的商业行为，这为华为的技术更新源源不断地提供了现金流，加速了核心业务的发展。

通过出售非核心业务反哺核心业务是华为一直以来重要的融资手段，其通过出售资产获得了大量的用于技术开发的资金。这主要得益于华为对IPD模式的推广，华为利用较低的研发成本，在主要业务的基础上延伸培育新的产品，当非核心的新产品成熟且有一定规模之后，通过出售非核心业务的方法增加公司现金流，以维持企业的持续运营。另外，在引进IPD模式后，研发周期缩短，研发占用资金的周期也相应缩短，这使得华为在选择融资策略上有了更大的灵活性。

(4) 网络经济泡沫时期的股权激励

21世纪初，由于网络经济泡沫的影响，高新技术企业进入第一个灾难性的融资难的历史时期。在这个时期，一方面华为收到了来自海外市场的巨额订单，另一方面华为为了进一步开拓国际市场，在全球设立了多家网点机构，这些项目都急需大量资金；另外，部分老员工工作懈怠甚至骨干员工出走华为的现象再次发生。面对资金短缺和人员流失问题，华为启动了第二次内部股权融资计划。

2001 年 7 月，华为公司股东大会通过了股票期权计划，推出了《华为技术有限公司虚拟股票期权计划暂行管理办法》。办法中提出了虚拟股权的概念，该种股权不具有表决权，只可以自己持有，但可以同普通股一样获得股票分红和增值。为了维持管理的独立性，公司将不再发行干股，通过发行股票期权逐渐取代员工现在持有的股票。另外，此次配股改变了以往的全员激励制度，转变为重点激励制度。这次股权激励改革，一方面是为了解决企业资金短缺的问题，另一方面是为了增强公司的控制力和管理上的独立性，并且激发员工的工作热情。对比华为虚拟受限股实施前后的经营业绩，华为销售收入从 2001 年的 162 亿元增长到 2002 年的 195 亿元，增长了 20.4%。净利润也从 2001 年的 16 亿元增长到 2002 年的 24 亿元，同比增长 50%。

8.4　成熟阶段发展战略与融资方式分析

8.4.1　成熟阶段发展战略

2008 年金融危机爆发后，全球经济进入漫长的调整期，各行各业都在严峻的经济环境中苦苦支撑，为了渡过难关，企业不得不大量裁员，员工的工作积极性受到极大打击，华为的许多员工甚至开始看衰华为未来的发展前景。面对这样的情形，华为需要果断采取措施稳定老员工，同时招聘新员工，以确保公司的正常运行。另外，已经在国内坐稳行业头把交椅的华为开始挑战全球行业巨头，在全球布局发展蓝图。现实情况是，公司基本上都是中国人在进行管理和生产，国外员工的面孔极少，为了快速在全球展开布局，华为决定大量招募具有丰富行业管理经验的外国优秀高级管理人员，以保证公司的海外市场拓展得以顺利进行。所以吸引更多的人才，布局全球市场成为成熟阶段华为的主要战略目标。

8.4.2　成熟阶段融资方式分析

(1) 金融危机后的饱和配股

2008 年金融危机期间，为了留住并吸引更多的人才，也为了解决金融危机期间资金短缺的问题，华为再次推出了新的内部权益融资制度——饱和配股。饱和配股的含义就是按照员工的岗位职级规定持股的上限。此次配股的数额和广度也较大，包括了所有工龄在1年以上的员工。配股价格定为4.04元/股，配股数额在16亿股左右，最终融得资金超过64亿元人民币。

此次饱和配股对于吸引新员工起到了很好的效果，很多同行业的核心技术员工纷纷加入华为，为华为今后的发展提供了人才保障。另外，在本次配股中，外籍员工也可以参加，这就为华为的国际化道路提供了强有力的支持。

(2) 政府补助

随着华为主营业务收入的增加，其每年的研发费用也在不断增长，截至2016年12月31日，华为累计申请并获得授权的专利共有70 511件，其中国内专利达44 168件，国际PCT(《专利合作条约》)专利达14 555件，外国专利达11 788件。研发力度的加大不仅让华为研发出更多更稳定的技术，同时也让华为获得了数量可观的政府补助。在2008—2016年，华为平均每年可以从政府取得的补助多达上亿元，在2015年达到峰值，金额达20亿元。通过政府补助获得用于研究的经费，在取得研究成果之后又可以获得大量的政府补助，由此华为形成了一个完整的良性循环链条，政府补助成为华为取得资金的一个重要渠道。

(3) 华为债务融资的比重

债务融资比重用资产负债率来衡量，笔者根据华为的历年年报，制成华为债务融资比重的变化表(表8-1)。

表8-1　华为债务融资比重的变化情况

项目	2020年	2019年	2018年	2017年	2016年	2015年	2014年	2013年	2012年	2011年	2010年
总借款/百万元	141 811	112 162	69 941	39 925	44 799	28 986	28 108	23 033	20 754	20 327	12 959
总资产/百万元	876 854	858 661	665 792	505 225	443 634	372 155	309 773	244 091	233 348	193 849	178 984
资产负债率/%	62.30	65.60	65.00	65.20	68.40	68.00	67.70	64.70	66.40%	65.80	61.20

资料来源：笔者根据华为公司历年年报数据整理得出。

资产负债率同时也可以衡量公司的债务融资比重，通过表8-1中的数据可以看到，华为在2010—2020年都保持着60%以上的负债率，对于跨国公司来说，这是一个比较合理的比值，但对于中国跨国公司来说可能相对较高，因为一旦跨国公司的资产负债率如果超过75%，外汇局就会禁止其发生外部融资。2016年华为的资产负债率为68.40%，已经接近临界值75%了。总体来说，跨国经营的模式为华为带来了更高的债务水平，根据MM理论，债务的避税效应使得企业应保持更高的负债水平。根据前面文献的相关理论分析和实证分析，尤其是最近几年的研究成果，可以发现对跨国公司来说，保持一个较高的债务融资比重是更有利的。

（4）债务融资规模及长期借款比重

根据华为年报中历年的总借款数以及长期借款数，笔者绘制了图8-1。需要简要说明的是，短期借款余额里不只有通常理解中的流动性贷款，也会有一年之内到期的长期借款。由图8-1可以看到，从2010年到2019年，华为的债务融资规模除了个别年份有所回落外，整体呈递增趋势，总借款数由2010年的129.59亿元增长至2019年的1 121.62亿元，这与公司的经营发展是相匹配的。

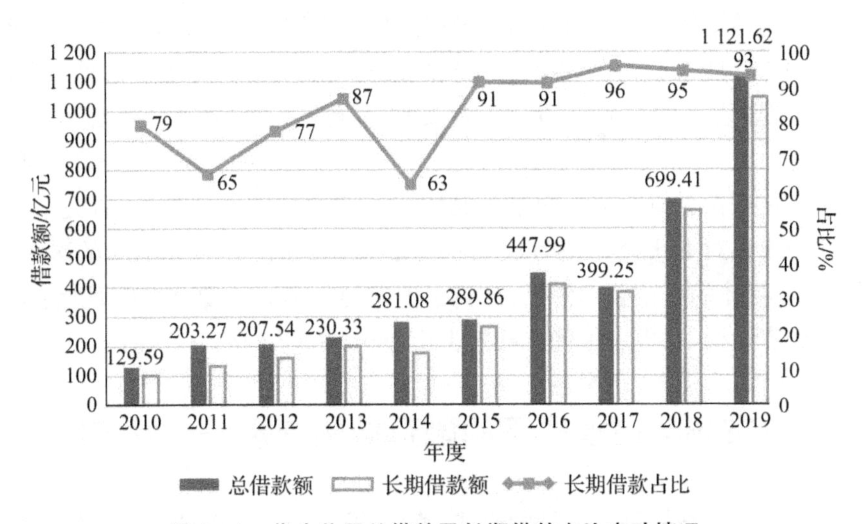

图8-1　华为公司总借款及长期借款占比变动情况

数据来源：笔者根据华为公司2010—2019年年度报告编制。

华为轮值CEO徐直军在2012年接受《财富》杂志专访时提到过，2010年由于受2008年全球金融危机的影响，作为跨国公司的华为收紧了其在全球范围内的投资，原有市场的销售额稳定增长，净利润也随之稳定增长，但因为投入资金减少，手中闲置资金变多了，华为公司在当年偿还了大量外部借款，所以2010年的总借款数较上年相比下降很多。

整体来说，除了个别年份，华为的债务融资规模在逐年增加，这与公司跨国经营的战略是相符合的。随着公司国际化战略的深入及市场板块的扩大，华为需要的融资额也相应增加，从而导致债务融资规模即总借款数逐年提升。

由图8-1的折线图可以看到，华为2010—2019年的长期借款占比的变化情况，2015—2019年的长期借款占比都保持在90%以上，债务融资结构合理，且比较稳定，可见随着华为国际化战略的深入，长期借款的比重逐渐稳定且合理。

第9章　不同公司治理结构模式下的融资结构选择

融资结构的选择与公司治理结构模式的确定密切相关。如英美两国高度发达的股票市场,为以股权控制为主的公司治理结构模式的形成提供了条件,而股权控制又进一步促进了股票市场的发展。在日本,主银行制度是建立在以间接融资为主的基础之上的,而主银行制度本身又强化了间接融资,阻碍和限制了日本股票市场的发展。本章在分析四种公司治理结构模式不同特征的基础上,研究了不同公司治理结构模式对上市公司融资决策选择的影响,并使其形成不同的融资结构。另外,本章以具体的上市公司为例,分析了不同的公司治理结构模式下所采用的股权结构和融资结构,并提出了优化我国上市公司融资结构的一些建议。

9.1　英美市场导向模式下的融资结构选择——以美国为例

美国公司治理结构是市场导向模式,相应的,美国的融资结构是市场导向型的融资结构。较之银行导向模式的国家,美国的证券市场非常发达,且在企业融资中起到了重要的作用,融资工具种类繁多,流动性较强。

9.1.1　美国公司的股权结构

(1) 股票融资市场市值整体呈现稳定上升态势

近年来美国上市公司市值整体呈上升趋势,股票融资市场较为成熟。从年度分阶段数据来看,美国上市公司市值增量变化大体可分为两个阶段:2000—2007年从15万亿美元开始稳步提升,全球金融危机之前发展至20万亿美元左右。2008年经历了全球金融危机,市值暴跌至11万亿美元左右。且全球金融危机成为一个分水岭,金融危机过后,2008—2020年,美国进行了几轮货币量化宽松(Quantitative Easing,QE)政策,大量的美元流入股市,推动了美国股票融资市场从低谷逐步恢复。据统计,2020年美国上市公司市值约达40万亿美元,是2008年的3.5倍(见图9-1)。

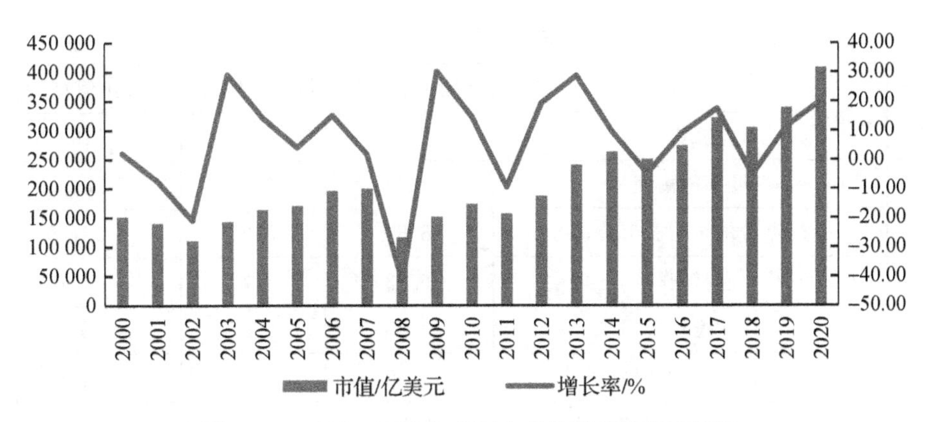

图9-1　2000—2020年美国上市公司市值与增长率

资料来源：笔者根据世界银行相关数据计算得出。

(2) 股权相对分散

对于美国的绝大多数上市公司来讲，它们的股权结构(包括股东数量与持股份额)比较分散。从表9-1可以看出，1994年美国有66%的上市公司的第一大股东持股比例在10%以下，这说明美国的股权是比较分散的。以苹果公司(美国)为例，表9-2是2021年3月31日苹果公司十大股东持股比例，十大股东累计持有51.04亿股，持股比例为30.59%，持股市值为6 223.92亿美元。苹果公司十大股东没有个人投资者，都是机构投资者，以基金为主，他们所代表的是千千万万个美国个人投资者。由此可以看出，苹果公司的股权结构是比较分散的。

表9-1　美国、日本上市公司的股权集中度

单位：%

第一大股东持股比例(x)	美国(1994年)	日本(1995年)
$0<x<10$	66	61.1
$10\leqslant x<25$	17.4	21.3
$25<x<50$	13	12.9
$50\leqslant x<75$	2.1	4.7
$75<x\leqslant 100$	1.5	—

注：表格数据分别为美国、日本上市公司第一大股东持股比例介于不同范围的上市公司比例；
第一大股东持股比例包括作为一个整体的经理层(经理和董事)，不包括职工持股计划(ESOP)；
样本公司是所有的美国公司，包括组成标准普尔500等成分股的上市公司。
资料来源：Dietl H. Capital Markets and Corporate Governance in Japan, Germany and the United States [M]. London: Routledge, 1998.

表 9-2 苹果公司十大股东持股比例

序号	名称	持股份额/亿股	持股比例/%	持股市值/亿美元
1	先锋集团	12.39	7.43	1 510.86
2	贝莱德集团	10.55	6.32	1 286.49
3	伯克希尔·哈撒韦公司	8.87	5.32	1 081.63
4	道富银行	6.23	3.73	759.70
5	富达投资公司	3.45	2.07	420.70
6	Geode资本管理公司	2.50	1.50	304.86
7	T. Rowe Price联合公司	2.01	1.20	245.10
8	北方信托公司	1.99	1.19	242.66
9	纽约银行梅隆公司	1.55	0.93	189.01
10	美国银行	1.50	0.90	182.91
合计		51.04	30.59	6 223.92

资料来源:笔者根据纳斯达克公司网站2021年11月28日相关数据汇总编制。

(3) 金融机构持股比重较大

机构持股主要表现为金融机构持股,公司法人之间的持股比重较小,但近几年公司之间的相互持股有一定的发展。在持股的金融机构中,以养老保险基金、保险公司和共同基金等为代表的非银行金融机构持有的上市公司股权比重较大,而银行的持股比重由于受法律的限制而相对较小。2021年,美国主要的几大公司中,机构投资者的持股比例均超过45%,微软公司更是高达71.06%(见表9-3)。

表 9-3 美国主要公司股权结构

单位:%

公司名称	机构持股	内部持股	其他	合计
苹果	57.55	0.10	42.35	100
微软	71.06	1.50	27.44	100
谷歌	67.67	12.63	19.70	100
亚马逊	59.01	13.69	27.30	100
伯克希尔·哈撒韦	45.62	17.49	36.89	100

资料来源:笔者根据纳斯达克公司网站2021年11月28日相关数据汇总编制。

（4）美国股票融资市场市值增速具有较大的波动性

从图 9 - 2 可以发现自 2000 年以来，美国股市市值在其 GDP 中一直占比比较高，美国股市的投资机会与风险始终居于高位，尤其是 2020 年达到了 194.89%，是 2008 年 78.47%的 2.5 倍左右，隐含比较大的泡沫风险。2000 年以来，美国上市公司市值呈现持续的波动性，其中 2008 年金融危机可作为美国股票融资市场市值增速的分水岭。2008 年之前，上市公司市值增速波动幅度较大，增速由 2003 年的 29.05%逐步下降至 2008 年的－41.82%，五年增速下降超过 70 个百分点。2008 年后，美国上市公司市值增速逐渐趋于稳定，波动区间逐渐收窄。值得一提的是，美国股票融资市场的长期稳定发展离不开投资者结构的优化。2001 年，美国股市的机构投资者持有的股票市值占比约为 46%。随着市场的不断完善，大量机构投资者开始崛起，2013 年，机构投资者持有的股票市值占比约为 93%。机构投资者的专业投资能力以及高度的理性与规范性促进了美国上市公司市值的稳步提升。

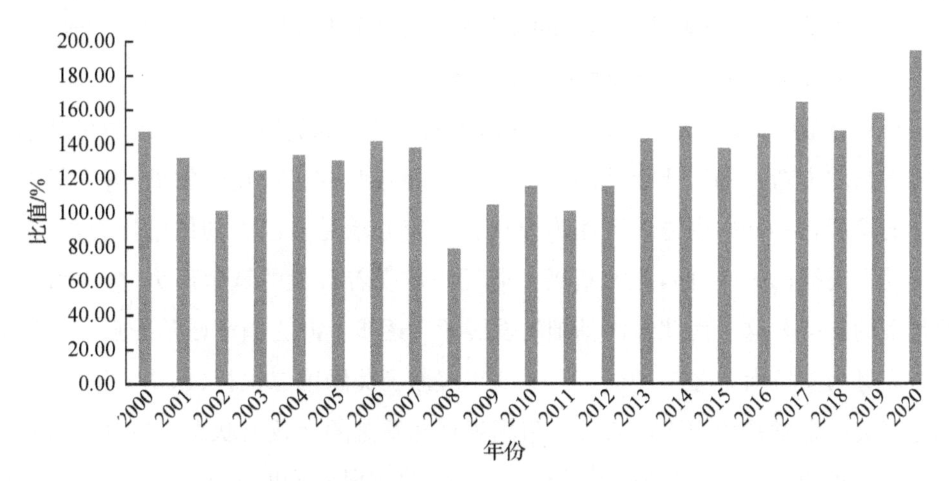

图 9 - 2　2000—2020 年美国上市公司市值与国内生产总值(GDP)的比值

资料来源：笔者根据世界银行相关数据计算得出。

9.1.2　美国公司的融资结构

美国金融市场高度发达，自 1975 年以来，其直接融资占比基本保持在 45%以上，2011—2020 年，美国直接融资占比都在 80%以上（见图 9 - 3），属于典型的市场导向型融资结构。“大萧条”（1929—1933 年）之后，美国逐渐形成市场导向型融资结构。20 世纪 90 年代的信息技术革命促进了美国融资结构市场化发展由“被动提升”向“主动提升”的转变。

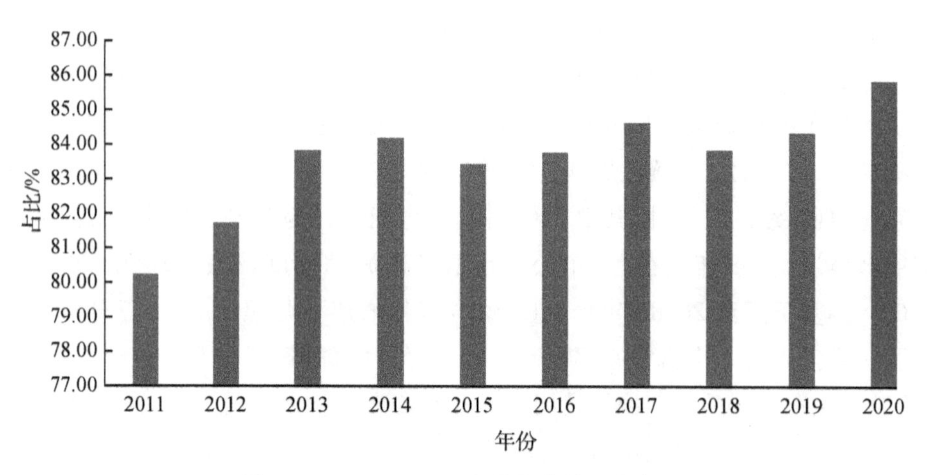

图 9-3　2011—2020 年美国直接融资占比

资料来源：笔者根据世界银行和 BIS 数据库相关数据计算得出。

整体来看，美国金融体系结构的发展轨迹基本可以划分为以下四个阶段：

(1) 政治因素导致的金融自由放任发展

自独立战争以后，美国逐渐从农业国家向工业国家转变，形成了南方发达的农业经济与北方新兴的工业经济的发展格局。随着西欧工业化的发展，特别是纺织工业的发展，一方面，南方地区作为原材料供应方承受着巨大的供给压力，急需大量劳动力支撑；另一方面，北方新兴工业经济承受着很大的竞争压力，急需贸易保护政策的支持。这一南北经济基础的发展矛盾逐步上升为南北政治矛盾。美国总统杰克逊为支持南方经济增长，于 1836 年解散了美国第二银行(即中央银行)。这标志着美国金融系统迈入没有统一市场规划和管制的无政府状态。这既为银行业与金融市场的快速孕育与发展创造了良好的自由环境，同时也为 1837 年经济危机以及南北战争的爆发埋下了伏笔。在这一时期，美国实行“单一银行制”，明确限制银行跨州经营和设立分支机构，导致银行业呈现出机构小、数量多、分布分散等特征，形成了自由准入、高度竞争的格局，因而难以形成垄断优势，同时缺乏央行监管，“银行挤兑”危机时有发生。而银行业的高度竞争与缺乏垄断优势，使其难以满足城镇化、工业化发展的巨大长期资本需求，尤其是在独立战争后，美国奉行自由竞争，反对特许经营和垄断，为金融市场的发展创造了巨大空间。同时，美国在 18 世纪末兴起的工业革命，更是促进了大量的融资性股票与债券的发行，进一步催生了证券交易所发展，但是由于政府监管与市场规范化发展的缺失，最终仅在具备一定经济基础的大城市中的交易所得以生存，如纽约证券交易所与美国证券交易所，二者均逐步发展为最具影响力的全国性场内交易所。

(2) 金融危机触发市场导向型被动发展

进入20世纪以后，美国先后爆发了三次具有代表性意义的金融危机，从而被动式地促进了美国金融市场的发展。

一是1907年银行危机，催生了美国联邦储备银行。这一危机爆发的原因主要是美国金融系统缺乏统一的监管制度与有力的调控机构，无法及时有效地协调货币市场，提供紧急流动性支持。为此，1913年，美国通过了《联邦储蓄法案》，成立联邦储蓄银行，即美联储，这标志着美国银行业迈入监管时代。

二是1929年大萧条，决定了美国证监会的诞生。对于大萧条爆发的原因，学者们普遍认为是由于美联储在面对危机时未能及时增加流动性和货币供给，以及对股票市场缺乏监管经验，甚至是忽视了股票市场的重要性。为此，美国通过了1933年《紧急银行法案》，向银行业提供援助；通过了《格拉斯-斯蒂格尔法案》(1933)，明确了投资银行与商业银行的分业经营以及"Q条例"利率管制，并成立联邦储蓄保险公司，以保证银行存款的安全。这标志着美国银行业进入强监管时代。同时，针对金融市场，通过了《证券法》(1933年)与《证券交易所法》(1934年)等法案，成立了美国证监会，有效保障了金融市场秩序、业务规范运行以及市场化机制的完善，为金融市场的发展提供了法律与制度保障。在"金融脱媒"趋势下，金融体系向直接融资倾斜，1945—1972年直接融资比重维持在70%以上，平均达76.2%。

三是20世纪70年代两次石油危机，促进了银行监管放松与利率市场化发展，进一步促进了证券机构的迅速崛起。这一时期，美国经济长期处于"滞胀"的阴影下，平均每3年多就有一次衰退，实际GDP平均增长速度只有2.9%。与此同时，通货膨胀率前所未有地高涨，年平均通货膨胀率达到10.46%(如图9-4所示)。对此，美国在80年代实施了以放松银行管制为代表的金融改革，实现利率市场化，打破了30年代以来对存贷款利率的一系列限制，实现各类金融机构的公平竞争，使得金融产品可以自由定价，金融创新不断涌现，各类金融机构业务交叉以及金融市场国际化趋势加强。在这一时期下，直接融资比重出现两次大幅降低，即从1976年的53.91%下降至1978年的47.83%和从1983年的55.88%降至1984年的51.12%。

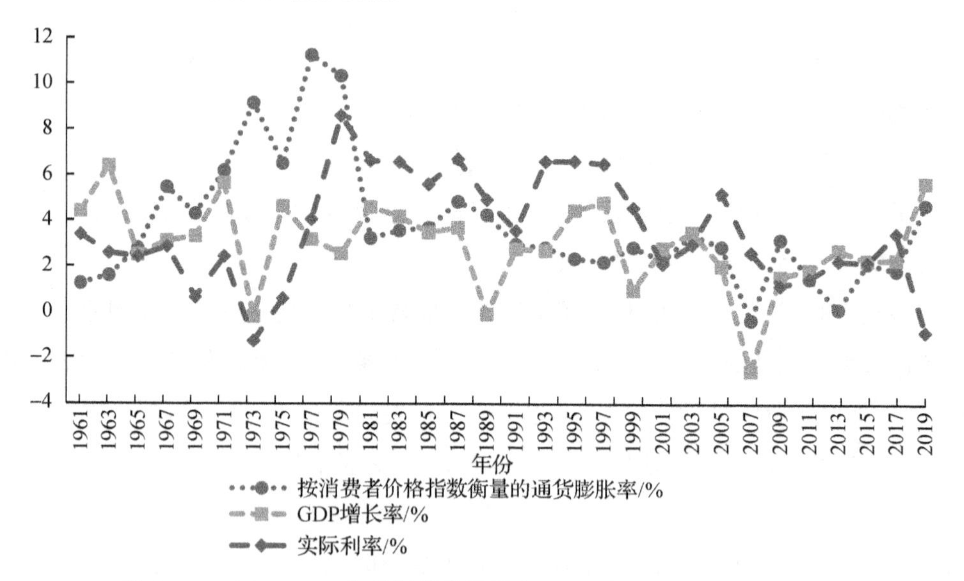

图 9-4　1961—2019 年美国通货膨胀率、GDP 增长率和实际利率情况

资料来源：笔者根据世界银行相关数据计算得出。

(3) 技术革命引领市场导向型主动发展

20 世纪 90 年代美国鼓励发展信息技术产业，短短 5 年间其行业增加值占 GDP 比重从 1995 年的 3.7%上升至 2000 年的 6.2%，并催生互联网科技上市潮，纳斯达克通过吸引苹果、微软等明星企业上市，从原来的场外电子报价平台一跃成为大型交易所。另外，起源于 80 年代金融自动化改革的金融创新得到快速发展，商业银行经营业务已然突破了传统信贷业务，逐步向金融服务业务转变，全方位地切入证券类业务，如证券承销、投资理财以及并购等领域，已然成为衍生产品市场、资产证券化交易的重要主体，实现了银行表内与表外业务资金的循环周转。而金融衍生技术与资产证券化技术为银行内部“影子”资产的扩张提供了技术保障。对此，1999 年美国颁布了《金融现代化服务法案》，提出了“效率与竞争”的立法新观念，并打破了银行、证券、保险业之间的业务分割，确立了混业经营模式，实行全能银行模式：强调银行业与工商业的分离，实现金融体制的现代化发展；加强对小企业和农业企业提供金融服务的力度。同时，构建与混业经营相适应的以功能监管为重点的金融监管体制，注重金融风险的防范与管理。在这一时期，证券业、保险业、资产管理行业出现爆发式增长，直接融资比重迅速恢复，从 1991 年的 57.96%上升至 1999 年的 79.15%。同时，股票市值占 GDP 比重大幅增加，从 1990 年 51.87% 提高到 1999 年的 153.44%，同时期银行对私人部门信贷占 GDP 比重仅维持在50%左右，说明美国直接融资已经取代间接融资，成为美国企业的主要融资方式(见图9-5)。

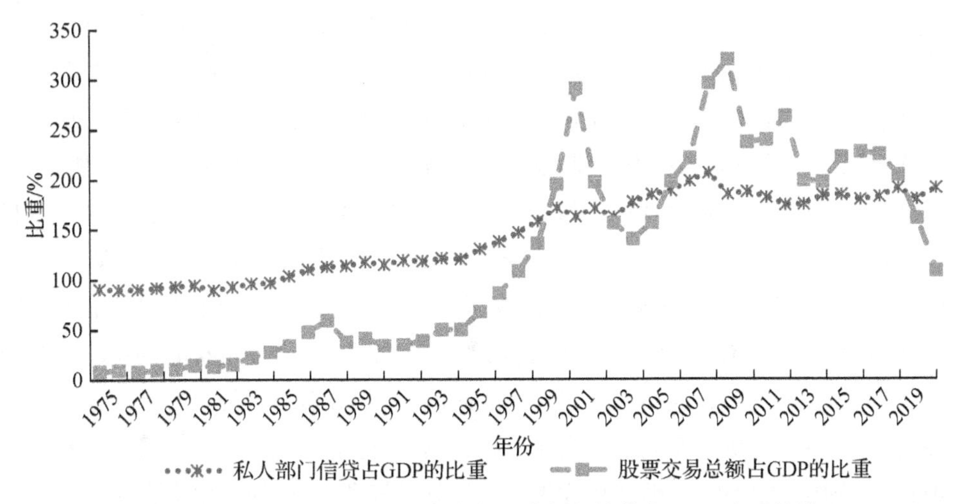

图9-5　1975—2019年美国股市与私人部门信贷占GDP比重的情况

资料来源：根据世界银行和BIS数据库相关数据计算得出。

(4) 金融创新下的市场乱象与融资困境

进入21世纪之后，美国的金融市场日趋成熟，在金融体系中占据着主导地位，其融资结构已完全转变为市场导向型。在这一时期，美国银行、证券、保险业之间的混业经营模式，使得其金融体系内部结构的演化更加复杂，银行体系与金融市场之间的交叉融合趋势比较明显。这虽然助推了商业银行的市场化发展，但也导致影子银行的规模迅速发展壮大，更多的资金流入影子银行领域，引发股票市场的资产规模降低。据不完全统计，截至2008年3月，美国影子银行的负债规模一度创下21万亿美元的历史新高，而当时传统银行的负债规模仅13万亿美元左右。影子银行的过度发展，不仅导致资金脱离实体经济，致使企业财务陷入困境以及财务造假现象频出，甚至引发了2008年的次贷危机。对此，美国为遏制财务造假而出台了《萨班斯法案》和2008年次贷危机后《多德-弗兰克法案》，加强对金融机构的监管，建立起对金融市场的全方位监管，保护消费者和投资者不受不当金融行为损害，赋予政府应对金融危机所必需的政策工具以及提高企业信息披露成本，但这也导致了中小企业上市难，使融资难度突显。这一时期的直接融资占比波动性较大，由1999年的79.15%降至2008年的63.24%。随后2012年美国颁布了《创业企业促进法案》，简化新兴成长企业IPO流程，推出公众小额集资豁免注册，IPO数量和筹资规模明显上升。

9.1.3 英美市场导向模式对上市公司融资结构选择的影响

一方面，英美的公司治理是建立在股权高度分散、流动基础上的市场导向模式。另一方面，英美的公司治理模式也影响公司的融资结构。英美市场导向模式源于“盎格鲁-美利坚”式资本主义，以大型流通性资本市场为基本特征。由于这种类型的资本主义经历了较长时间的自由发展，较少受到政府、工会、管理机构或银行的影响，资本流通活跃，证券市场发达，股东权益逐步集中到养老基金及其他专业管理基金等机构投资者手里，并且存在着十分活跃的“公司控制权市场”。经营者一旦管理不力，就可能因公司被接管而淘汰出局。此模式在很大程度上体现为一种新古典式的股东主权模式，股东是公司治理的唯一主体，公司的其他利益关系人，如雇员、债权人、客户等则被排除之外。同时，公司经理层作为股东的代理人，其经营公司的目标在于股东利益的最大化，公司的股东利益至高无上，股东利益优于雇员利益。公司资产和股东价值在公司中占主导地位，财产权优先于任何其他权利，财产的地位优先于任何其他利益的地位。而实现这一目标的制度框架是由保证股东主权的内部治理结构和竞争性的资本市场（主要是股票市场）的结合来实现的。

另外，由于英美两国自近代工商业发展初期，就主要依靠证券市场筹措资本，因而对银行信用的依赖程度低，因此，银行在企业治理结构中的作用十分有限，银行与企业之间是一种商业化的关系，银行主要为企业提供短期资金。由于美国商业银行不能直接持有企业的股份，所以银行对企业缺乏有效的监督，为了规避风险，一般只向企业提供财产抵押贷款或者担保贷款。

9.2 德日银行导向模式下的融资结构选择——以日本公司为例

德国、日本的公司治理模式是银行主导型模式，相应的，德国、日本企业的融资方式主要是通过银行间接融资，以债权为主、股权为辅。在本部分，笔者以日本公司为代表介绍银行导向模式下的融资结构。

9.2.1 日本公司的股权结构

（1）股票融资市场整体呈现稳定上升态势

近年来随着资本市场的不断发展，日本上市公司市值整体也是呈上升趋势的。日本上市公司市值从 2003 年的 2.3 万亿美元稳步提升，到 2008 年全球金融危机之前发展至4.6万亿美元左右。2008年经历了全球金融危机,这一年作为一个分水岭,日本上市公司市值跌至4.3万亿美元左右,2009年继续暴跌至3.1万亿美元,2009年至2020年从低谷逐步恢复。据统计,2020年日本上市公司市值达6.2万亿美元,是2009年的1.98倍(见图9-6)。从图9-7可以看出,日本的股票融资在2011—2020年均低于45%。

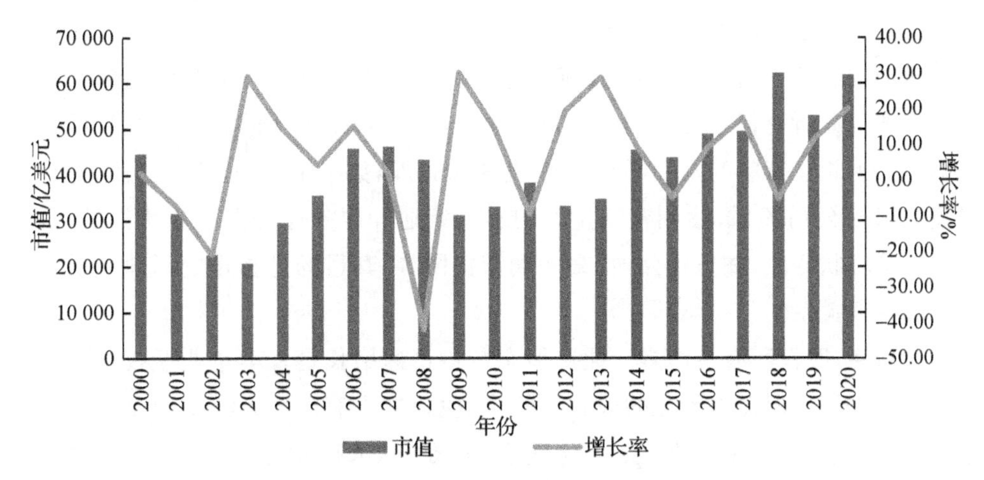

图9-6　2000—2020年日本上市公司市值与增长率

资料来源:笔者根据世界银行相关数据计算得出。

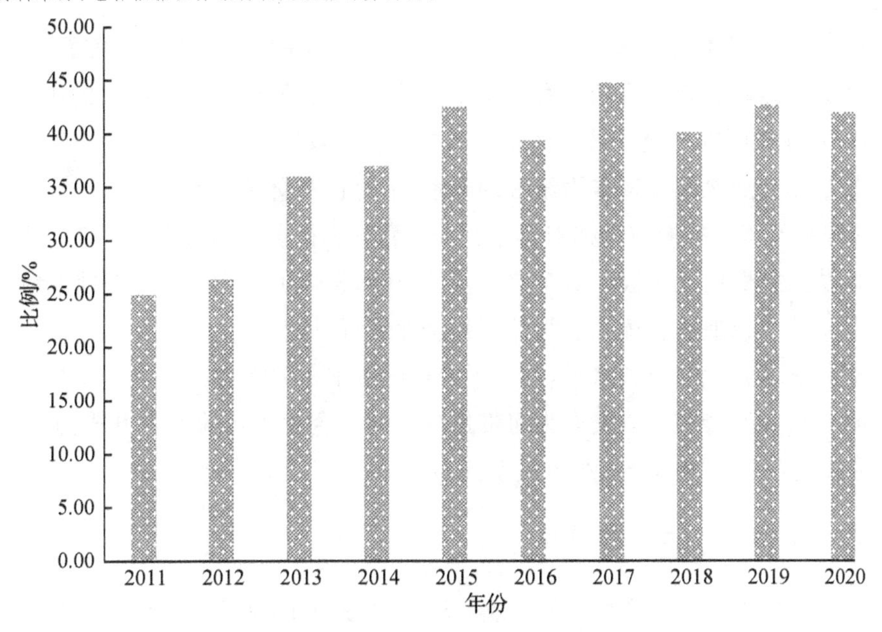

图9-7　2011—2020年日本股票融资比例

资料来源:笔者根据世界银行和BIS数据库数据计算。

(2) 商业银行是公司的主要股东

主银行制是日本的一种独特的关于公司治理的制度安排。主银行是对于某个企业而言在资金筹措和运用等方面容量最大,并且拥有持股(主银行通常是最大股东之一)、干部派遣权等综合性、长期性交易关系的银行。主银行通过资金供给、参与经营决策及企业重组等手段形成对企业的控制与监督。

(3) 法人持股或法人相互持股

所谓"法人",是指在法律上具有自然人特性,为完成某些事业而组成的集合体。日本公司所有权结构最大的特点是法人持股,日本公司的法人相互持股十分普遍。法人相互持股的两种形态:一种是垂直持股,如丰田公司、住友集团,它们通过建立母子公司关系,达到密切生产、技术、流通和服务等方面相互协作的目的。另一种是环状持股,如三菱公司、第一劝银集团等,其目的是相互之间建立稳定的资产和经营关系。

二战后,股权所有主体多元化和股东数量迅速增长是日本企业股权结构分散化的重要表现。但在多元化的股权结构中,股权并没有向个人集中而是向法人集中,由此形成了日本企业股权法人化现象,构成了法人持股的一大特征。日本公司法人持股占绝对比重,而交叉持股的比例虽有下降,但基本格局没有发生根本变化。

一般认为,日本公司法人持股和相互持股的目的主要有以下两个方面:

① 为了减轻股票市场随时存在的投机资本对企业经营可能产生的影响和冲击,防止企业集团内部企业被其他企业和外国企业兼并;

② 加强企业之间以资本为纽带的联系,维持长期交易关系。

法人相互持股的股权结构对日本企业经营的积极影响体现在以下四个方面:

① 法人持股弱化了股东对企业经营的影响,强化了企业经营者的独立地位;

② 形成了以追求长远利益为核心的企业经营目标;

③ 提高了企业的留利水平,增强了企业的资本积累能力;

④ 法人相互持股是以资本为纽带集合而形成企业集团的主要方式,并在此基础上形成了企业之间的合作竞争关系。

9.2.2 日本公司的融资结构

相比较市场导向模式国家来说,银行导向模式的国家的直接融资比重相对较低,但是直接融资占比整体也是稳中有升的。日本直接融资占比在 1977 年才为

2.52%，2011—2020 年，日本直接融资占比增长至 50%以上，2020 年日本直接融资占比达到了 62.78%（见图 9-8）。“日本模式”起源于其二战期间的“战时金融管制”，并在此后日本经济增长与金融体系构建中发挥着重要作用。随后在“泡沫”冲击与银行“僵化”的背景下，通过借鉴英美市场化发展模式，金融市场也呈现“被动提升到主动提升”的变化。

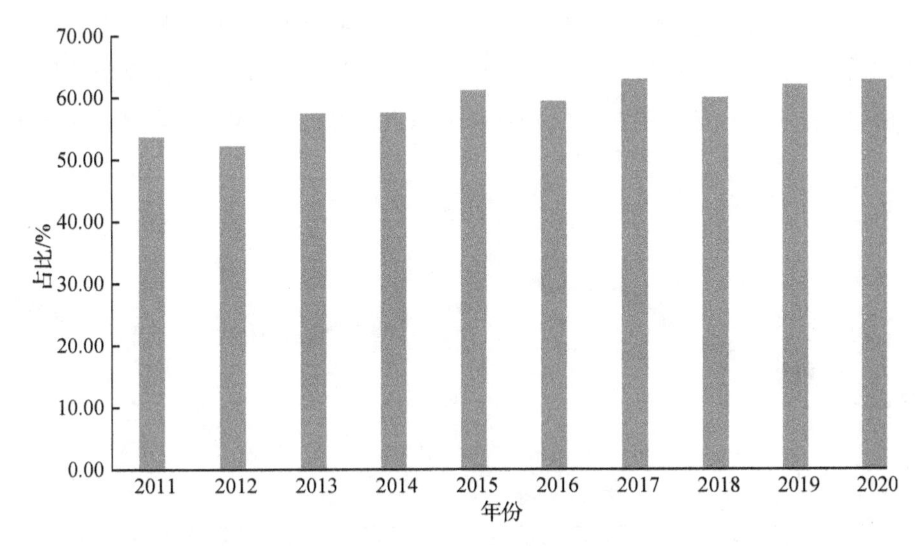

图 9-8 2011—2020 年日本直接融资占比情况

资料来源：笔者根据世界银行和 BIS 数据库相关数据计算得出。

在 20 世纪 70 年代之前，日本建立了“银行中心主义”模式，间接融资占绝对主导地位。这一制度基础可追溯到二战期间的“政府主导型体制”下的“战时金融管制”。二战期间，日本政府针对金融领域颁布了多部银行法令，对于金融机构贷款实施管制，优先对军需企业投资，推进直接融资向间接融资的转变，并通过操控银行资金分配间接控制民间企业。“战时金融管制”严重限制了日本金融市场的发展，而战败后的经济重建中，绝大部分领域也延续了战时金融管制制度。二战之后，日本实行经济复兴计划，先救助金融机构，后采用“倾斜生产方式”重建国家基础产业，即通过银行间接金融体系与有计划的投融资政策来控制资金分配，如资金配给、利率管制、外汇管制与银行窗口限制等，进而掌握资源的分配，帮助基础产业集中资源，引进先进生产设备，修建新型基础设施，促进了经济快速增长。

20 世纪 70 年代的石油危机结束了日本高速增长的时代，GDP 增速从 10%下降至 4%左右。日本经济结构迈入转型阶段，逐步实现从资源密集型向节能型、技术密集型、高附加值型的转变。为顺应形势发展，日本政府在 70 至 80 年代初启动了以金融自由化为主的渐进式金融改革：一是逐步实现了利率市场化发展。二是大量发行有价证券。为实现经济结构由出口型转向国际协调型，日本出台了刺激内需的财政金融政策，扩大公共财政支出，促进民间投资。三是各金融机构突破原有的专业化分工。四是外汇管制取消，金融机构国际化发展。这一阶段的特点是直接融资快速兴起，但仍以间接融资为主，即“银行主导市场型金融体系”。但这一阶段，银行对私人部门信贷占 GDP 的比重和股票市值占 GDP 的比重出现同步上升局面(见图 9－9)，这说明两者仍是互补关系，直接融资扩大了企业增量融资的来源。

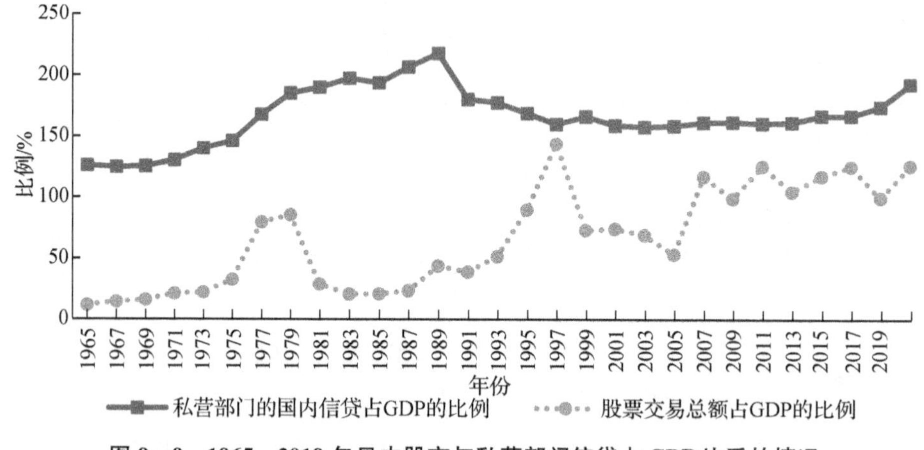

图 9－9　1965—2019 年日本股市与私营部门信贷占 GDP 比重的情况

资料来源：笔者根据世界银行相关数据计算得出。

20 世纪 90 年代 GDP 低速增长期(见图 9－10) 与银行“僵化”，促进了市场包容银行，直接融资比重反超。深受经济泡沫破裂与股市长期熊市的影响，企业倒闭叠加股票资产大幅缩水，这令主银行制度的日本银行业陷入不良债权的深渊，不良资产率与企业杠杆率高企，系统性风险积聚，大批金融机构纷纷倒闭。对此，日本于 1996 年开启了以自由化、公正化和国际化为原则的“金融大爆炸”改革：一是打破金融业务界限，由分业经营变为混业经营。一方面修改《禁止垄断法》，促进证券业自由化竞争。通过《金融制度改革法》(1992 年)的制定允许构建金融控股公司，实现金融业务渗透，且券商资格于 1998 年由许可制转变为注册制；另一方面，允许银行直接从事证券交易以及保单销售等活动，向全能银行转变，同时在新《日本银行法》中增强日本央行的独立性与透明性。二是重塑金融市场监管体系，构建金融混业监管模式。1998 年《金融系统改革法》以“确保市场诚信，保护投资者利益”作为监管的目标，负责监管的部门由独裁的大藏省转为内阁府。最终于 2001 年形成以金融厅为核心、独立的中央银行和存款保险机构共同参与、地方金融局等受托监管的新金融监管体制框架。三是优化金融法律体系，强化银行监管，规范公司治理，以及完善直接融资法。日本在 1997 年亚洲金融危机后，全面引入资本充足率要求，严格限制银企交叉持股比例；于 2003 年修订《商法》，明确设置监察委员会、任免提名委员会和薪酬委员会，强化公司治理；于 2006 年出台《金融商品交易法》，明确将具有投资属性的金融产品纳入统一监管框架中，并推行日本版萨班斯法案，提高信息披露水平和对投资者保护的水平。这一阶段，直接融资比重从 1991 年的 26%上升至 2018 年的 52.89%，直接融资比重超过间接融资。同时，银行信贷占 GDP 比重呈逐年递减趋势，意味着直接融资与间接融资从互补走向替代关系，争夺存量融资需求。

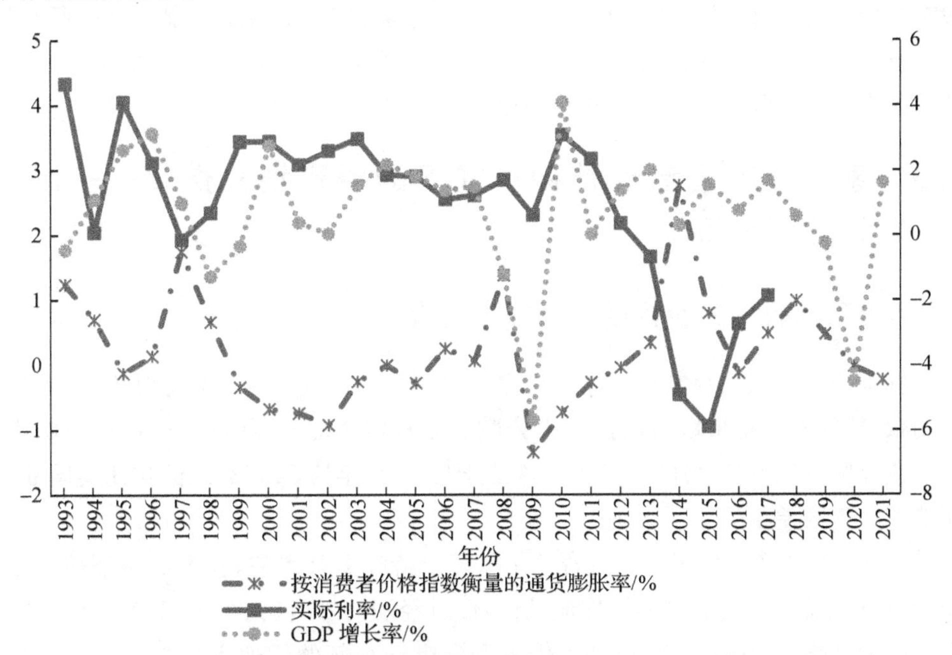

图 9－10　1993—2021 年日本通货膨胀率、GDP 增长率和实际利率情况

注：按消费者价格指数衡量的通货膨胀(年通胀率)和实际利率（%)对应主坐标轴的数据；GDP 增长率对应次坐标轴的数据资料来源：根据世界银行相关数据计算得出。

资料来源：笔者根据世界银行相关数据计算得出。

9.2.3 德日银行导向模式对上市公司融资结构选择的影响

与英美模式不同,德日模式根植于“日耳曼式”资本主义。它以后起工业化国家为代表,大都经历过一个人为干预相对较多的资本主义急速发展时期。因此,企业受政府、工会、管理机构或银行的影响较大,资本流通性较差,经济大权高度集中于家族、银行或政府等组织手中,证券市场不够活跃,企业兼并与收购较为困难。企业融资以债权为主、股权为辅,银行等金融机构在企业间接融资中居于主导地位。

因此,在日本以及以德国(一般指联邦德国)为代表的大多数欧洲大陆国家,以银行为代表的债权人采用了以内部监控机制为主(主要通过严密的有形组织结构来制约企业的经营者)的公司治理模式,也称内部控制主导型公司治理模式,股东(主要为法人股东)、银行(一般也是股东)和内部经理人员的流动在公司治理中发挥着主导作用。德国全能银行主导的共同治理和日本主银行相机治理构成严密的股东监控机制,德国的职工参与制,日本的终身雇佣制、年功序列制等是在所有权和经营权分离的基础上进行的相应改革,在不同程度上实现了员工与管理的统一,从而很大程度上降低了所有权与管理权相分离造成的代理成本。

9.3 家族控制型治理结构模式下的融资结构选择——以韩国公司为例

9.3.1 韩国公司的股权结构与融资结构

韩国公司是家族控制型治理结构模式,大股东(家族)为了保持对企业的绝对控制权,往往不愿意采取会使控制权分散的股权融资形式,从图 9-11 可以看出,韩国股票融资比例从 2011 的 23.37%提升至 2020 年的 31.62%,但相比美国而言还是有显著的差距的。

2010—2020 年,韩国债券融资总量呈现出持续上升态势,在低利率环境下,意味着可以凭借更低的成本来增加流动性,促进经济的发展(见图 9-12)。受全球金融危机的影响,2010—2020 年韩国债券融资市场总额的增速大幅放缓,年均增速仅为 0.08%。

从债券融资结构来看,随着韩国债券市场的不断发展,韩国的债券融资结构逐步趋向稳定。受金融危机的影响,2010—2020 年投资者趋于谨慎以及国家的政策导向,使得金融债券融资发展几乎停滞,每年金融债券融资的比例都低于 50%,2000 年的时候金融债券融资的比例为 53.65%。2010—2020 年期间,随着经济的

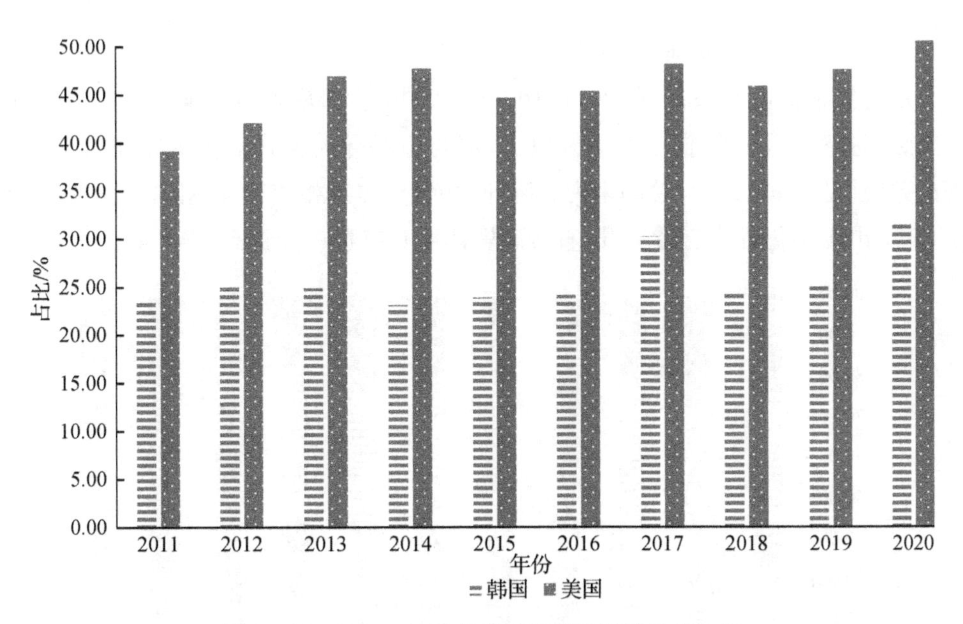

图 9-11　2011—2020 年韩国和美国股票融资占比

资料来源：笔者根据世界银行和 BIS 数据库相关数据计算得出。

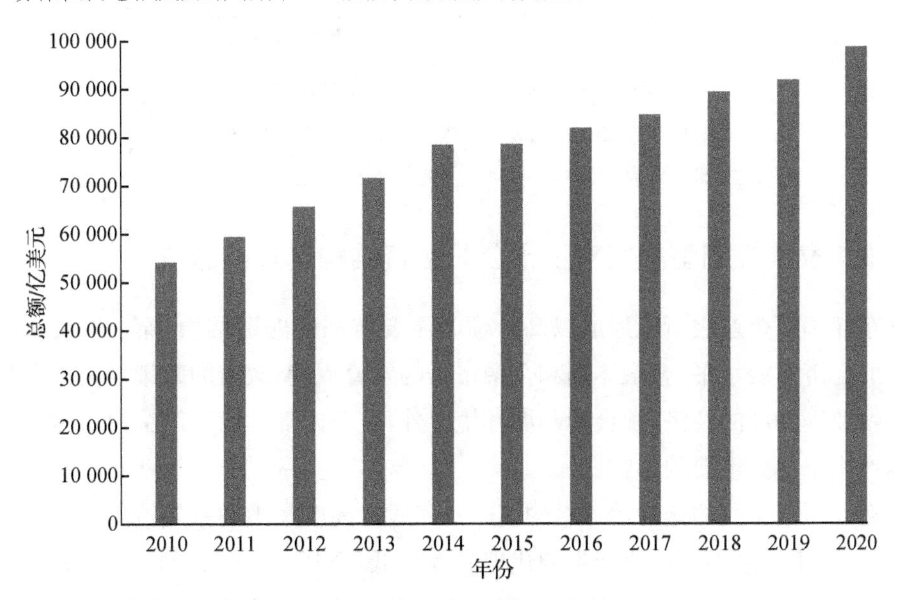

图 9-12　2010—2020 年韩国债券融资总额

资料来源：笔者根据世界银行和 BIS 数据库相关数据计算得出。

不断发展，韩国债券融资市场的融资结构也随之不断调整（见图 9-13），政府债券占比从 2010 年的 28.76％提升到 2020 年的 31.85％，非金融公司债券占比则从

2010 年的 26.60%降低到 2020 年的 20.33%。

从直接融资占比来看，自 2011 年以来，韩国的直接融资占比虽然有些波动，但是大致保持稳定，一直维持在 56%以上，但与市场导向模式的美国相比仍然有显著的差距（见图 9-14）。总的来说，韩国直接融资体系相较于发达国家存在一定差距，金融市场深化程度有待提升，直接融资体系具有进一步提高的空间。

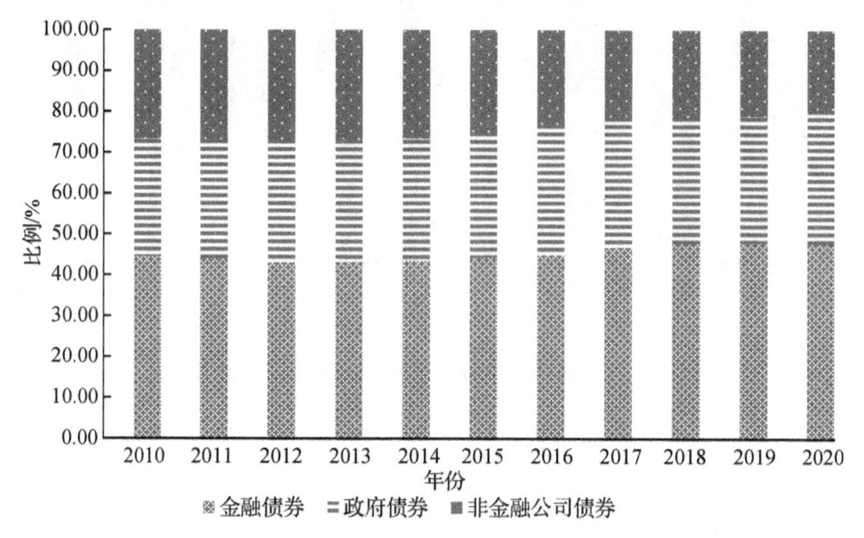

图 9-13　2010—2020 年韩国债券市场融资结构变化

资料来源：笔者根据世界银行和 BIS 数据库相关数据计算得出。

9.3.2　家族控制型模式对上市公司融资结构选择的影响

东亚国家企业之所以形成以高负债为主要特征的融资结构，除了取决于东亚国家的经济发展水平、金融体制和金融市场的发育程度、政府的政策导向以及社会储蓄习惯等外部的经济、社会和制度环境以外，企业内部的治理结构模式也对融资结构产生了十分重要的影响。

东亚国家企业的这种治理结构模式——股权高度集中和家族控制企业的主要好处是，由于信息不对称所产生的代理成本较低，委托人（所有者）对代理人（经营者）的监控比较有力。然而这种治理结构也容易产生各种问题，其中与融资结构选择有关的主要问题是：第一，大股东（家族）由于拥有企业绝大部分的股份，从而丧失了由股票分散带来的企业经营风险降低的好处。第二，家族为了保持对企业的绝对控制权，往往不愿意采取会使控制权分散的股权融资形式。第三，家族控制

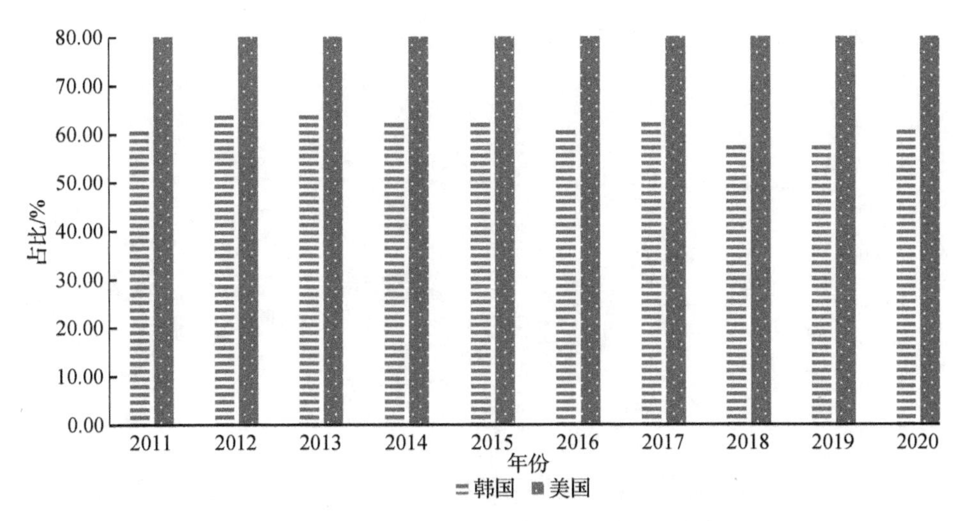

图 9-14　2011—2020 年韩国和美国直接融资占比

资料来源:笔者根据世界银行和 BIS 数据库相关数据计算得出。

企业的主要目标不是股息和分红的最大化,而是追求企业规模的扩张。第四,由于家族控股企业经营信息不透明,对投资者的保护机制不健全,除非有较高的风险补偿,否则会影响外部投资者对这类企业的投资。东亚国家企业的治理结构存在的这些问题,从微观的角度较好地解释了东亚国家企业为何偏重于债务融资而较少进行股权融资。

9.4　内部人控制型模式下的融资结构选择——以我国上市公司为例

9.4.1　我国上市公司的股权结构

经济学家华生对股市市值和 GDP 的关系提供了一个一般参数:"低收入国家的股市市值占 GDP 比重一般在 20%～30%,中等收入国家的股市市值占 GDP 比重一般在 50%左右。"从图 9-15 可以看出,我国的上市公司市值占 GDP 比重总体来说比日本、韩国、美国的都要低,2003 年为 30.89%,2008 年全球金融危机时我国上市公司市值占 GDP 比重跌幅最大,达到 87.4%,2008 年后,我国该比重呈现波动性上升态势,2020 年我国上市公司市值占 GDP 比重为 83.16%,美国同期该比重达到 194.89%,日本同期该比重为 133.20%,韩国同期该比重为 132.86%。可见我国股票市场融资规模有待进一步提升。

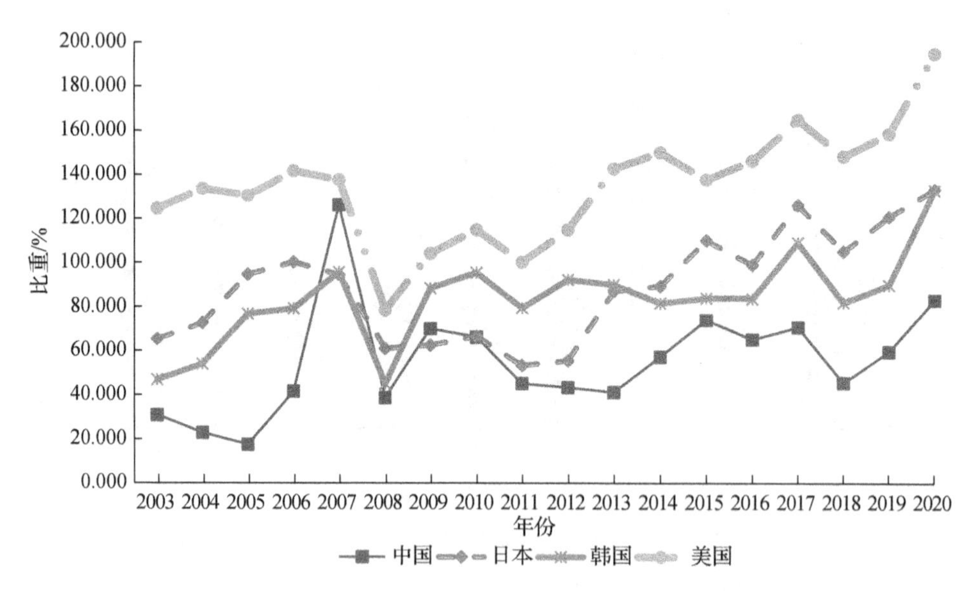

图 9-15 2003—2020 年中国、日本、韩国和美国上市公司市值占 GDP 比重

资料来源:笔者根据世界银行相关数据计算得出。

9.4.2 我国上市公司的融资结构

上市公司的融资方式包括内部积累融资、负债融资或发行债券融资、股权融资等。按照西方经典融资优序理论,一般企业的筹资次序是内部融资优先,而后是无风险负债融资或发行债券筹资,最后才是发行股票筹资。国外实证研究结果也表明,西方发达资本主义国家上市公司的融资顺序一般也符合融资优序理论。而在我国,上市公司的筹资择优顺序既与西方融资优序理论表现有相符的一面,又有自身独有的中国特色。

从规模来看,我国经济发展水平保持着稳定快速的提升,为金融体系市场化发展提供了良好的经济基础。如图 9-16 所示,自 1964 年以来,我国人均 GDP 规模从 1964 年的 1268.46 元提升至 2020 年的 6.46 万元,年均增长率为 7.27%。并且金融体系中的两种融资渠道规模也均呈上升态势。近年来,随着经济增长规模不断提升,中国直接融资占比呈不断上升态势,2021 年中国直接融资占比为 51.84%,但与市场导向模式的美国相比仍然有显著的差距(见图 9-17)。这说明间接融资在中国仍然占据比较重要的地位。因此,我国可以拓宽直接融资渠道,满足实体经济部门的金融需要,提高金融服务实体经济的能力,促进经济高质量发展。

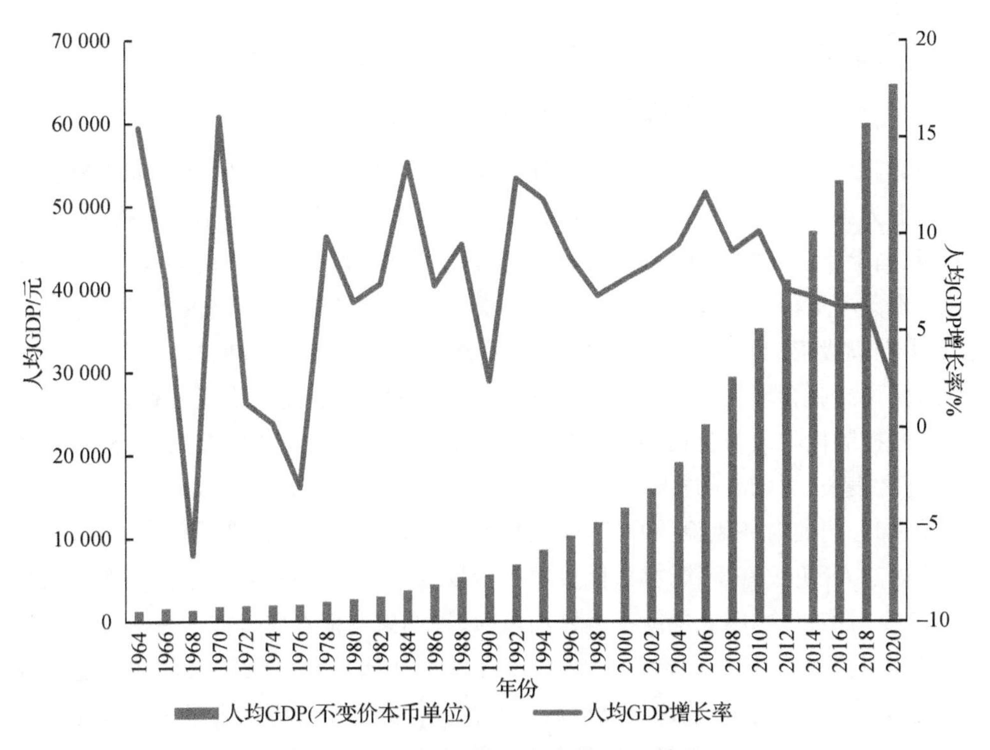

图 9－16　1964—2020 年人均 GDP 情况

资料来源：笔者根据世界银行相关数据计算得出。

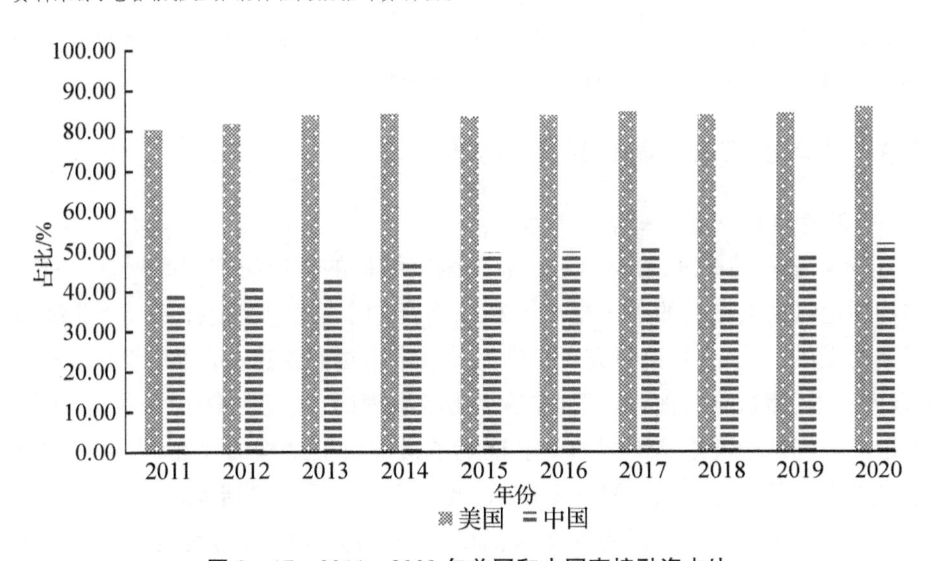

图 9－17　2011—2020 年美国和中国直接融资占比

资料来源：笔者根据世界银行和 BIS 数据库相关数据计算得出。

9.4.3 内部人控制型治理结构模式对上市公司融资结构选择的影响——股权融资偏好的成因

我国上市公司的股权融资偏好的直接原因固然是由于股权融资成本偏低所致,但更为深层次的原因由我国上市公司采用的是内部人控制型治理结构模式。

我国上市公司的公司治理结构总体上还不完善,其中最明显的表现为"内部人控制"现象严重,而"内部人控制"是股权融资偏好的重要原因。有研究表明:董事会中由控股股东推举或任职于控股股东的董事所占的比例越高、总经理由董事长兼任、公司高级管理人员持有公司股份的公司,越倾向于偏好股权融资。由于"内部人"的控制权收入与公司的生存息息相关,一旦公司破产,"内部人"的控制权收入也随之丧失;而较高的资产负债率虽然会带来一定的财务杠杆效应,但相应的必然会增加公司的财务风险,同时带来较高的破产风险。因此在选择融资方式时,公司的"内部人"更偏好于软约束、低成本的股权融资方式,而不希望过高的资产负债率带来高破产风险,因此也就不偏好高风险、硬约束的债券融资方式。

同时我国的上市公司激励制度的不合理也间接导致了管理者的股权融资偏好。虽然我国上市公司普遍是以税后利润指标作为衡量经营者业绩的主要指标之一,但债券融资带来的债务成本会对税后利润指标产生不利的影响,而股权融资所形成的融资成本却不会对其产生任何影响。管理者不希望过多的债券融资导致过高的财务费用,从而降低对自己业绩考核指标的评价,因此也偏好较低的资产负债率,从而选择以股权融资方式筹集公司所需要的资金。

9.4.4 我国上市公司融资结构的优化

(1) 融资结构与企业业绩的关系

自 MM 融资结构理论问世以来,有关融资结构的理论研究积淀颇厚。MM 融资结构理论以高度概括的手法提出了在完美资本市场假说的条件下,企业绩效与融资结构无关。随后,理论研究者打破完美资本市场假说这一前提,考虑企业所得税、破产成本、信息非对称等因素,先后提出权衡理论、代理理论、融资优序理论、信号理论。融资结构理论从不同的角度证实了最优融资结构的存在,大量的实证研究结果也支持了这一观点。Masulis 对权衡理论的实证检验结果表明:普通股股票价格的变动与企业财务杠杆的变动呈正相关关系;企业绩效与其负债水平呈正相关关系;能够对企业绩效产生影响的负债水平变动范围介于 0.23 与 0.45 之间。

在股市日趋成熟的今天,股票市场已初步达到弱型有效。在新的市场条件下,李义超深入研究了我国上市公司融资结构与企业绩效的内在联系，并寻求最佳融资结构的合理区间。李义超在实证分析中就融资结构与企业绩效之间的关系得出如下结论：

① 存在一个最优负债区间；

② 托宾Q值随企业负债水平的提高而下降；

③ 融资结构对公司成长性的影响不显著。

(2) 我国上市公司融资结构优劣势分析

前面笔者分析了中国上市公司的股权结构和融资结构，在这部分笔者就我国上市公司融资结构的优劣进行进一步分析和阐述。

① 优势分析

我国上市公司普遍偏好的最优融资结构的形成是有其自身原因的，这种融资结构在中国当前这种社会主义市场经济处于转轨阶段的环境下也是有一定适用性的，因为这种偏好于股权融资而保持较低资产负债率的融资结构可以保证上市公司具有较高的财务灵活性。上市公司的这种财务灵活性具体表现为拥有较多的自由现金流量和保持一定的额外负债能力。在目前我国资本市场不成熟和投资不确定与高风险并存的形势下，保持较高的财务灵活性对于上市公司的生存与发展就显得尤为重要。公司的管理者就能保证有足够的现金量来缓冲和应付可能由于管理或决策失误所造成的损失，同时具有把握未来投资机会的能力，在面对较高投资回报的项目时能够筹集到足够的资金进行投资。而以债券融资必然会削弱公司部分财务灵活性，同时增加财务危机成本与公司同债权人之间所产生的代理成本，导致管理者在投资、融资及股利分配等财务决策方面丧失灵活性，并在出现管理决策失误时由于财务杠杆而扩大财务风险，这对上市公司而言将是致命的。因此我国上市公司在目前这种处于转轨过程的社会主义市场经济下持有相应的谨慎态度，保持较高的财务灵活性，偏好于股权融资，这也是其具有的优势。

② 劣势分析

我国上市公司的融资结构虽有其合理的一面，但也存在诸多不合理之处。上市公司的融资结构容易表现为两个极端：或者大量从股票市场圈钱，或者过度从银行等金融机构贷款举债，这都导致公司不合理的融资结构安排，对公司的获利能力、营运能力、偿债能力和发展能力会造成严重的伤害。过度的股权融资不仅会使公司的加权平均资本成本大大提高，不利于公司的整体发展，而且由于没有来自债权人的约束与监督，容易出现项目选择的随意性与资金营运的低效率，形成“内部人控制”；同时也无法享受到债务所带来的利息支出的抵税效应与适度的财务杠杆效益。过度贷款举债虽然会增加对管理者的约束控制和享受税盾收益，但过度举债的消极甚至负面作用却是显著的。一方面，债务还本付息的刚性要求，会导致公司承受巨大的财务风险与破产风险，因而增加了财务危机成本；另一方面，由于债权人为了降低风险往往会附带许多限制性条款，从而束缚了公司的财务灵活性，且公司完全用足举债能力会造成当确实需要债务融资或公司陷入困境时无法获得援助资金。因此我国上市公司融资结构所存在的极端性会严重阻碍公司的发展，甚至会对公司造成致命的打击。

(3) 我国上市公司融资结构的优化

从上文可以看出，融资结构是企业利益相关者权利义务的集中反映，影响并决定着公司治理结构进而影响公司业绩，合理的融资结构有利于规范企业行为，提高企业业绩。同时还可以看出我国的融资结构有一些不合理之处。针对我国上市公司融资结构所存在的现实问题——国有股和未流通股比重大、资产负债率偏低等，优化上市公司融资结构的重点应放在市场经济体制与现代企业制度的建设上，本部分提出如下几点建议：

① 优化公司股权结构

由于我国国有股比重较大，可以通过股票回购来优化我国公司股权结构。

② 加快银行体制改革，重塑银企关系

加快银行体制改革，减少由于制度性因素而导致的上市公司过度举债的问题。

③ 加强资本市场建设

在实施国有股减持计划的基础上，大力发展债券市场，优化证券市场结构。同时，完善上市公司退市机制，从而实现资本市场有效配置资源的功能，防止上市公司利用资本市场过度圈钱的现象；

④ 建立合理的公司治理结构

公司治理结构影响着最优融资结构的形成，可以通过建立合理的公司治理结构来形成相互制衡体系，从而提高上市公司资金的使用效益，防止出现由“内部人控制”造成的投资随意性与资金使用的无效率。

9.5 四种公司治理结构模式的比较

本章对这四种公司治理结构模式的文化特征、公司治理特点、股权结构以及融资结构进行了具体的比较分析，本部分对这些进行总结，通过表 9 - 4，我们可以更好地理解这四种公司治理结构模式的不同。

表 9－4　四种公司治理结构模式的比较一览表

		美英市场导向型模式	德日银行导向型模式	东亚、拉美家族控制型模式	内部人控制型模式
经济发展模式		自由市场经济，政府宏观调空	政府间接管理，行政指导	政府主导	政府主导
文化特征		个人主义、实用主义、自由竞争	集体主义，忠诚，追求和谐，勤勉、节俭	重视个人品行，忠于企业，等级强，重视教育、培训	追求和谐，团队精神，勤勉、节俭
股权结构		相对分散、流动大、结构不稳定，限制银行持股，机构投资者持股比重大	相对集中，股权结构稳定，商业银行是主要股东，法人相互持股	相对集中，主要控制在家族手中，股权结构稳定性强	股权集中，流动性强，国有股一股独大，未流通股比重大
融资结构		证券市场是主要融资渠道，负债率较低	银行是主要筹资来源，负债率较高，股票筹资少	负债率高	偏好股权融资，负债率低
内部治理机制	董事会作用	小	较小	支配酢用	较小
	对利益相关者的关注	中	较高	较少	少
	对经理的激励	主要问题	不是主要问题	基本不存在	主要问题
外部治理机制	证券市场的作用	很大	不大	不大	不大
	银企关系	无控制作用	主银行控制	无控制作用	无控制作用
	恶意收购的频率	经常	很少	很少	很少
面临的挑战		内部人控制，防止恶意收购	对经理监督不够，负债率较高，政企与银企关系的转型	对资本的外部需求	内部人控制严重
发展和演变趋势		强化内部监控	强化外部监控	逐步走向内部或外部监控	强化外部监控

资料来源：笔者根据相关资料整理编制。

第4篇

公司治理结构与融资结构的关系

第10章　公司治理结构与融资结构的理论关系

治理结构与融资结构是企业理论中的两个重要内容，二者对企业绩效均有着显著的影响。公司治理结构的确定与融资结构的选择密切相关。融资结构影响着公司治理结构即所有权的安排，股权和债权均对企业形成控制权，两者有着不同的控制权形式，共同构成公司治理结构的基本内容，但股权控制和债权控制都存在失灵的问题。此外，二者之间又存在着一定的内在联系：一方面，公司融资结构决定公司治理结构，债权和股权的不同结合，决定了公司的不同治理结构；另一方面，公司治理结构反过来影响公司融资结构，不同的公司治理模式、公司治理结构会形成不同的融资结构。股权和债权两方面的控制权的有机组合完善了公司治理结构。而与此同时，公司治理结构也影响着最优融资结构的决定。

有关融资结构与公司治理结构关系的研究就是对公司债务与权益的相对比值与公司治理结构之间的关系的研究。较早的论述是由 Jensen 和 Meckling 从委托代理角度做出的。之后，这个问题就成了公司治理问题研究的热点之一，国外学者从不同角度对两者关系展开了研究，主要可以归结为以下几个方面：在代理理论框架下对公司融资结构与治理结构关系的研究；交易成本框架下对公司融资结构与治理结构关系的分析；对不同治理系统下债权人作用的比较分析；从竞争环境角度研究公司融资结构与治理结构的关系。

我国对公司融资结构与治理结构关系的研究到 20 世纪 90 年代才开始，较早的研究成果是由张维迎和张春霖做出的，他们从融资体制和委托代理角度研究公司融资结构与治理结构关系的思路得到后来学者的重视。从总体文献来看，我国有关公司融资结构与治理结构关系的研究都是将西方理论与我国国情结合起来加以分析，没有重大的理论创新。这些研究主要集中在以下几个方面：我国金融体制对公司治理结构的影响；从委托代理角度论述我国公司融资结构与治理结构的关系；公司治理结构对融资结构的影响。

10.1 公司融资结构决定着公司治理结构

融资结构之于现代公司的重要性，不仅仅体现在融资成本与公司的市场价值方面，更加重要的是其影响着公司的治理结构。一方面，债权和股权的不同结合决定了公司的不同治理结构。另一方面，股权融资与债权融资的数量之比、企业融资方式的选择直接决定着公司控制权在股东与债权人之间的分配与转移，从而决定了控制权在出资人之间转移的顺序和时间。对此，国外学者做了一定的研究：Stulz、Harris 和 Raviv 以及 Israel 的论文分别建立起关于公司治理结构与公司融资结构之间关系的三大著名模型。这些模型认为企业融资结构通过影响企业表决权进而影响企业价值。Stulz、Harris 和 Raviv 以及 Israel 的论文中包含了非常丰富的实证检验内容。Fricnd 与 Lang 证实，在开放型公司中，尽管存在一定数量的股东，但管理者仍具有较强的能力和动机来根据其自身利益的需要来调整公司的融资结构。相反，在封闭型公司中，管理者从其自身利益出发调整负债比例的能力和动机都比在开放型公司中的管理者来得低。

10.2 公司治理结构影响着公司融资结构

治理结构作为一种涉及企业管理层和其他利益相关者的制度性安排，近年来日益受到人们的重视，且已经形成了一个全球性的企业治理改革运动。越来越多的人已经认识到，可以通过一系列措施、规则和激励等企业治理方面的安排，来影响企业的融资结构，推动企业的管理层去实现企业价值最大化，从而达到保护投资者利益的目的。

公司的治理结构主要包括股权集中度、管理层持股比例、领导权结构、董事会规模、机构投资者等等。有效的公司治理结构对于改善企业的融资结构有重要作用。

10.2.1 股权集中度对融资结构的影响

股权集中度一般是指前五大股东的持股比例。一般可以分为三种情况：一是股权高度集中，公司拥有一个绝对控股的股东，该股东直接、间接或者直接和间接拥有公司 50%的股权；二是股权高度分散，公司没有大股东，所有权与经营权完全分离，各股东持股比例在 10%以下；三是股权适度集中，大股东持股比例介于上述两种情况之间，其中拥有相对控股股东，并且其他大股东有能够与之抗衡的股权集中度，这是比较完美的股权结构，这里称之为股权最适度集中。

股权集中程度对公司融资决策有很大的影响，从而影响公司融资结构。因为股权比例的选择涉及两种关键成本：一是风险成本；二是治理成本。这两种成本与股权的集中或分散程度存在密切关系，如果公司的股权高度集中在一个投资者手中，按照所有权与剩余索取权相匹配的原则，公司所取得的一切利益应该大部分归该投资者所有，投资者为追求利益最大化，就会利用一切制度和手段积极主动地监控经营者的行为，由于属于内部监控，因而监控花费少，治理成本低，但由于股权高度集中在一个投资者手里，对投资者来说投资风险大且风险成本高。因此当一家公司股权高度集中，其在融资方式的选择上更有可能推崇股权融资，以分散投资风险，减少风险成本，从而使该公司的股份相应地由若干个投资者持有，某一投资者的风险成本虽然降低了，但也相应地削弱了甚至失去了其对公司的控制权。随着公司股权的日趋分散，治理成本会不断上升，大股东为了防止控制权的进一步稀释以及治理成本的上升，在融资方式的选择上就更倾向于负债融资。

在股权高度集中时，控制权掌握在绝对控股股东手中，他们出于自身利益的考虑，会偏好股权融资。首先，绝对控股股东不希望面临偿债付息和破产的压力，因为他的股权比例最大，破产成本大部分是由他负担的；其次，绝对控股股东不必考虑对经营者的约束，因为此时经营者体现的是他的意志，因此他不会过多地引入债权人；再次，绝对控股股东不希望自己的投资决策受到资金量的限制，通常股权融资能够融到较多的资金；最后，虽然股权融资稀释了绝对控股股东的股权份额，但由于他拥有的股权份额远大于其他股东，这就增加了其他股东夺取控股权的难度，此时股票发行得越多，他所控制的资金就越多，这样通过控制权所获取的收益就越大。

在股权高度分散时，控制权掌握在经营者手中，经营者出于自身利益的考虑，会尽量减少各方面对自己的监督和约束，自然不希望引入债权人这一监督者，也不希望自己的投资决策受到限制，更不希望公司承受偿债付息的压力。因此，此时经营者会尽量避免债权融资。

在股权最适度集中时，这些能力相当的大股东谁也控制不了企业，通常他们在作决策时会考虑对经营者的监督和制约，而债权融资在监督和制约经营者方面具有无可比拟的优势。这些原因使得股权最适度集中的上市公司对股权融资的偏好远低于前两种情况。

10.2.2 高管持股对融资结构的影响

股权性质或持股者身份对融资结构也会产生影响。在高层管理人员持股的情况下,高层管理人员作为与股东利益相一致的权益主体倾向于提高负债融资比例,并且在债权人与高层管理人员之间存在信息不对称的情况下,还会产生道德风险,即他们会倾向于选择高风险项目进行投资,因为股东和经理等高层管理人员只承担有限责任,项目若成功,大部分收益归自己所有,项目若失败,大部分损失由债权人承担。Kim 和 Sorensen 通过实证研究发现,管理者的持股比例和企业的杠杆比率呈显著的正相关关系。Gerald、Donald 和 Thomas 通过实证研究发现:管理者持股比例与公司债务比率、股利数量成反比;样本公司之间盈利能力、增长能力的差异将对上述关系产生影响,使其变得不是很显著。

10.2.3 领导权结构对融资结构的影响

领导权结构方面,董事长和总经理两职合一的安排会影响公司融资结构。当董事长和总经理两职合一时,公司的控制权高度集中,董事长或总经理对公司的融资决策有绝对的发言权。特别是在我国,由于公司接管市场还不足以形成对管理层的威胁,通过发行股票筹集的资金对公司而言无疑是一笔既缺乏监督约束又没有偿付股息压力的免费资金和永久资金,经营者可支配的这种资金越多,越有利于自身效用的最大化,股权融资给董事长或总经理带来的收益一般大于负债融资的收益,因此在融资方式的选择上,更倾向于股权融资。而在董事长和总经理两职分离的情况下,股权融资所带来的收益会被协调董事长和总经理之间的意见分歧而产生的交易成本所抵消,结果对董事长或总经理来说,负债融资的收益大于股权融资的收益,因此在融资方式的选择上,更倾向于负债融资。

10.2.4 董事会规模以及独立董事制度对融资结构的影响

董事会承担对公司重大问题进行筹划与决策的职能。董事会人数太多,会对董事会作用的较好发挥产生不良影响。董事会规模的扩大意味着有更多的投资主体代表参与到公司的重大决策中,如果采用股权融资方式,将由于沟通和协调上的问题,难以使众多的股东及其代表达成一致意见,或者公司为了协调各投资者的利益而必须付出高昂的交易成本,结果股权融资所带来的收益也被抵消;若采用负债融资的方式则不会稀释各股东的控制权,不会轻易动摇各股东的地位,也比较容易使各位董事接受。在董事会规模较小的情况下，公司在股权融资方式的选择上容易达成一致，交易成本相对较低。因此，董事会规模大的公司倾向于选择负债融资方式，而董事会规模小的公司则更倾向于选择股权融资方式。

10.2.5　机构投资者对融资结构的影响

美国的机构投资者一般包括投资基金、保险公司、养老基金、共同基金以及实业公司等等。德、日等国家中，当银行简单持有公司股份的时候，其也是机构投资者。机构投资者由于持股数量大、专业水准高，因而其对于公司管理层的监管比一般的股东更加有效。Chenchuramaiah、Kenneth 和 Ramesh 对机构投资者监督与公司融资结构、管理者持股之间的关系进行了实证研究，研究结果显示，公司债务比率、管理者持股数量与机构投资者持股比率成反比。

基于以上分析，我们可以看出，融资结构不仅体现了企业资本的不同来源，它还影响到企业权力在各个利益主体间的分布关系，决定了各个利益主体所受到的约束与激励强度。同时，在一定的治理结构框架下，决策作为各利益主体在制度约束下的博弈的结果，其中的融资决策又会改变现存的融资结构。

现有文献中研究融资结构对治理结构的决定作用的很多，但关于治理结构对融资结构的影响的深入研究却很少。作者在本书中主要研究公司治理结构对融资结构的影响。

第11章 公司内部治理结构对融资结构影响的实证分析——以我国上市公司为例

11.1 研究假设及指标体系

11.1.1 研究假设

根据国内外相关文献的论述以及本书第2篇中公司内部治理结构影响公司融资结构的理论，本书提出如下假设：

① 股权集中度与资产负债率、产权比率正相关，股权高度集中的上市公司比股权适度集中的上市公司的资产负债率要高；

② 第一大股东为国有股的上市公司的资产负债率、产权比率比第一大股东为非国有股的上市公司的资产负债率、产权比率要高；

③ 董事会总人数即董事会规模与资产负债率正相关；

④ 独立董事比例与资产负债率正相关；

⑤ 董事长总经理两职状态与资产负债率正相关；

⑥ 监事会总人数即监事会规模与资产负债率负相关，即监事会总人数多的上市公司倾向于股权融资。

11.1.2 指标体系

(1) 被解释变量

公司融资结构的替代变量为被解释变量，本书选择最能代表融资结构特征的两种杠杆比率：一是总负债/总资产(TD/TA)，即资产负债率；二是负债合计/所有者权益合计，即产权比率。调查证据表明，有些经理在考虑融资结构时，基于债务和权益的账面价值，而有些经理是基于市场价值。Bownan表明杠杆的账面和市场价值的横截面关系较高，因此，因使用账面价值计量而造成错误设定的可能性相当小。本书研究中，负债和资产都使用账面价值。

(2) 解释变量

根据上述假设,作者选取了与治理结构紧密相关且可能会对融资结构产生一定影响的指标作为解释变量。主要包括第一大股东持股比例、第一大股东性质、董事会规模、监事会规模、独立董事比例和董事长总经理两职状态这六个指标,这六个解释变量的具体定义如表 11－1 所示。

表 11－1　解释变量定义表

变量	变量定义
第一大股东持股比例	公司第一大股东持有公司股票数占公司股票总数的比例
第一大股东性质	哑变量,如果第一大股东是国有股,取值为 1,否则,取值为 0
董事会规模	董事会全部董事的人数
监事会规模	监事会全部监事的人数
独立董事比例	独立董事人数占公司董事总人数的比例
董事长总经理两职状态	哑变量,如果董事长兼任总经理,取值为 1,否则,取值为 0

资料来源:笔者根据前述分析编制。

11.2　样本公司及数据的选择

在本次实证分析中,因为 2019 年和 2020 年我国上市公司部分数据不全,笔者选取了 2018 年底 3 541 家上市公司作为本研究的样本。2018 年底,我国上市公司有 3 541 家,其中有 127 家上市公司是 ST 类,由于 ST 类上市公司财务指标异常,故本书选择样本时将其剔除。另外有 8 家上市公司部分数据缺失,在本书选择样本时也将其剔除。

实证分析中,作者根据中国研究数据服务平台(CNRDS)数据库提供的 2018 年上市公司相关数据,计算整理出 2018 年 12 月 31 日的各解释变量与被解释变量的数据。

11.3　实证方法及步骤

11.3.1　描述性统计

在做具体分析之前,先对各变量做描述性的统计分析。

(1) 第一大股东持股比例

从表11-2、表11-3可以看出,样本公司的第一大股东平均持股33.8%;样本公司中有14.91%的公司的第一大股东持股比例不小于50%,股权高度集中;有15.77%的样本公司的第一大股东持股比例在40%到50%(不包含)之间,股权比较集中;有67.47%的样本公司的第一大股东持股比例在10%到40%(不包含)之间,股权适度集中。从这些分析可以看出,中国上市公司的股权集中程度比较适中。

表11-2 解释变量与被解释变量的描述性统计表

指标	第一大股东持股比例/%	第一大股东性质	董事会规模	监事会规模	独立董事比例/%	董事长是否兼任总经理	资产负债率	产权比率
平均值	33.755	0.310	8.971	4.133	30.359	0.295	0.427	1.336
标准误差	0.251	0.008	0.062	0.032	0.265	0.008	0.004	0.065
中位数	31.400	0.000	9.000	4.000	33.333	0.000	0.414	0.707
众数	30.000	0.000	9.000	3.000	33.333	0.000	0.591	0.265
标准差	14.643	0.462	3.596	1.893	15.459	0.456	0.205	3.772
方差	214.431	0.214	12.933	3.583	238.969	0.208	0.042	14.228
峰度	0.005	−1.324	0.660	6.016	−0.132	−1.193	−0.561	585.241
偏度	0.590	0.823	0.494	1.735	−0.438	0.899	0.305	20.346
区域	86.090	1.000	26.000	22.000	88.889	1.000	0.983	134.796
最小值	3.000	0.000	0.000	0.000	0.000	0.000	0.010	0.010
最大值	89.090	1.000	26.000	22.000	88.889	1.000	0.993	134.806
求和	114 937.080	1 055.000	30 545.000	14 074.000	103 371.275	1 005.000	1 453.109	4 548.584
观测数	3 405.000	3 405.000	3 405.000	3 405.000	3 405.000	3 405.000	3 405.000	3 405.000
最大(1)	89.090	1.000	26.000	22.000	88.889	1.000	0.993	134.806
最小(1)	3.000	0.000	0.000	0.000	0.000	0.000	0.010	0.010
置信度(95.0%)	0.492	0.016	0.121	0.064	0.519	0.015	0.007	0.127

资料来源:笔者根据相关数据编制。

表 11-3　第一大股东持股比例分布表

第一大股东持股比例	公司个数/个	百分比/%
大于等于 50%	508	14.91
[40%,50%)	537	15.77
[10%,40%)	2 298	67.47
小于 10%	63	1.85
合计	3 406	100.00

资料来源：笔者根据相关数据编制。

(2) 第一大股东性质

从表 11-4 可以计算出，3 406 家样本公司中有 1 056 家，即有约 31%的样本公司的第一大股东持有者是国家，有 2 350 家即约 69%的样本公司的第一大股东持有者不是国家。

表 11-4　第一大股东持股性质分布表

第一大股东性质	公司个数/个	百分比/%
0	2 350	69.00
1	1 056	31.00
总计	3 406	100.00

注：第一大股东性质是哑变量，如果第一大股东是国有股，取值为 1，否则，取值为 0。
资料来源：笔者根据相关数据编制。

(3) 董事会规模及分布

从表 11-2 和表 11-5 可以看出：样本公司平均拥有董事约 9 人，其中独立董事约 3 人，内部董事约 6 人，内部董事平均比例为 67.21%，即独立董事平均占 32.79%；样本公司中，最大的独立董事比例为 88.889%。另外，还可以从表 11-6 看出有 357 家即 10.48%的样本公司的独立董事比例不小于 1/2，有 1 533 家即 45.01%的样本公司的独立董事比例在 1/3 到 1/2(不包含)之间，还有 1 516 家即 44.51%的样本公司的独立董事比例低于 1/3。

表 11-5　董事会规模及分布

董事人数平均值/人	内部董事平均值/人	内部董事平均比例/%	独立董事人数平均值/人	独立董事平均比例/%
8.97	6.03	67.21	2.94	32.79

资料来源：笔者根据相关数据编制。

表 11-6　独立董事分布表

独立董事比例	公司个数/个	百分比/%
大于等于 50%	357	10.48
[33.33%,50%)	1 533	45.01
小于 33.33%	1 516	44.51
合计	3 406	100.00

资料来源:笔者根据相关数据编制。

(4) 监事会规模

从表 11-2 可以看出,样本公司平均拥有监事约 4 人,监事会规模最大的是 22 人,监事会规模最小的是 0 人。

(5) 融资结构

从表 11-2 可以看出,样本公司平均资产负债率和产权比率分别为 42.7%和 1.336。

11.3.2　相关性分析

因为各解释变量与被解释变量都没有通过正态分布的检验,所以笔者对各变量进行相关性分析。依据相关性分析结果(见表 11-7),可以初步得出各变量之间没有明显的相关性。所以在做实证分析时,可以直接进行回归分析。

表 11-7　各研究变量之间的相关系数矩阵

	第一大股东持	第一大股东性质	董事会规模	监事会规模	独立董事比例	董事长总经理两职状态	资产负债率	产权比率
第一大股东持股比例	1							
第一大股东性质	0.224 4	1						
董事会规模	−0.028 9	0.218 7	1					
监事会规模	0.058 2	0.357 4	0.508 2	1				
独立董事比例	0.000 1	0.016 8	0.392 6	0.151 2	1			
董事长总经理两职状态	0.005 7	−0.268 1	−0.114 8	−0.115 0	0.013 2	1		
资产负债率	0.014 2	0.272 5	0.203 6	0.221 2	0.017 3	−0.143 9	1	
产权比率	−0.028 0	0.116 6	0.100 0	0.098 2	0.005 7	−0.061 3	0.439 2	1

资料来源:笔者根据相关数据编制。

11.3.3　比较分析

在做回归分析之前,笔者先做几个简单的比较分析。

(1) 关于第一大股东持股比例与融资结构指标的分析

从表 11－8 可以看出，第一大股东持股比例在 50%及以上的资产负债率平均值比第一大股东持股比例小于 50%的对应的指标的值高。这就说明了股权高度集中(即第一大股东持股比例≥50%)的上市公司比股权适度集中[即第一大股东持股比例在 10%到 50%(不含)之间]的上市公司有更高的负债水平，即股权高度集中的上市公司对股权融资的偏好高于股权适度集中的上市公司。初步验证了笔者的第一个假设。

表 11－8　不同的第一大股东持股比例下的融资结构比较

第一大股东持股比例	公司个数/个	百分比/%	资产负债率平均值/%	产权比率率平均值
≥50%	508	14.91	44.35	1.290 9
<50%	2 898	85.09	42.37	1.343 3

资料来源：笔者根据相关数据编制。

(2) 关于第一大股东性质与融资结构指标的分析

从表 11－9 可以看出，第一大股东为国有股的上市公司的资产负债率、产权比率的平均数、中位数均比第一大股东为非国有股的上市公司的要高。这符合笔者所提出的第二个假设。

表 11－9　不同的第一大股东性质下的融资结构比较

项目	平均数		中位数	
	国有股	非国有股	国有股	非国有股
资产负债率/%	50.99	38.93	51.31	37.82
产权比率	1.991 2	1.040 9	1.053 9	0.608 1

资料来源：笔者根据相关数据编制。

(3) 关于董事长与总经理两职状态与融资结构指标的分析

从表 11－10 可以看出，董事长兼任总经理状态下的资产负债率和产权比率平均值比两职分离状态下的要低。这说明董事长兼任总经理状态下倾向于股权融资，相对应的，董事长总经理两职分离的状态下倾向于负债融资。这也初步验证了前面的理论以及笔者提出的第六个假设。

表 11－10　不同两职状态下的融资结构比较

董事长总经理两职状态	资产负债率平均值/%	产权比率平均值
兼任	38.12	0.978 2
分离	44.57	1.485 1

资料来源：笔者根据相关数据编制。

11.3.4 回归分析

根据前文所述，本书以资产负债率和产权比率为被解释变量，以六个相互之间没有明显相关关系但与治理结构紧密相关的指标即第一大股东持股比例、第一大股东性质、董事会规模、独立董事比例、董事长总经理两职状态以及监事会规模为解释变量，建立如下数学模型：

$$Y_i=\alpha+\beta_1 X_1+\beta_2 X_2+\beta_3 X_3+\beta_4 X_4+\beta_5 X_5+\beta_6 X_6+\varepsilon$$

其中，Y_1 为资产负债率；Y_2 为产权比率；ε 为随机变量；X_1、X_2、X_3、X_4、X_5、X_6 为这六个指标；β_1、β_2、β_3、β_4、β_5、β_6 为 Y_i 对应于 X_1、X_2、X_3、X_4、X_5、X_6 的偏回归系数。在实际分析过程中，笔者把这三个模型又分为在第一大股东持股比例在50%及以上和在50%以下(因为我国上市公司中第一大股东持股比例没有低于10%的，即我国没有股权高度分散的上市公司，所以本书认为第一大股东持股比例低于50%的上市公司为股权适度集中的公司)两种情况，即把三个模型又分为六个模型。

在数理统计分析中，考察因变量 Y 与自变量 X 之间的定量关系称为多元回归分析。在上述多元回归方程的变量中，一些自变量 X 对因变量 Y 的影响较大，而另一些自变量 X 对因变量 Y 的影响较小。一般的多元回归分析往往难以确定自变量对因变量影响的大小，但是通过逐步回归分析可以较好地解决这一问题。本书采用逐步回归的方法进行分析，并通过 Excel 和 SPSS 两种软件的运算实现。根据表 11－11、表 11－12 和表 11－13 可以得出如下结论：

① 回归方程在99%的显著性水平下总体线性关系成立，回归方程的 Y_1 值在大样本情况下，拟合优度基本上可以被认为是可以接受的。

② 第一大股东持股比例、第一大股东性质、董事会规模、监事会规模、独立董事比例、董事长总经理两职状态与资产负债率、产权比率正相关。

表 11－11 回归结果分析 1

被解释变量	解释变量	相关系数	拟合系数	调整后的拟合系数	估计标准误
资产负债率	第一大股东持股比例	0.014 2	0.000 2	−0.000 1	0.204 7
	第一大股东性质	0.272 5	0.074 3	0.074 0	0.197 0
	董事会规模	0.203 6	0.041 5	0.041 2	0.200 5
	监事会规模	0.221 2	0.048 9	0.048 7	0.199 7
	独立董事比例	0.017 3	0.000 3	0.000 0	0.204 7
	董事长总经理两职状态	0.143 9	0.020 7	0.020 4	0.202 6

续表

被解释变量	解释变量	相关系数	拟合系数	调整后的拟合系数	估计标准误
产权比率	第一大股东持股比例	0.028 0	0.000 8	0.000 5	3.770 6
	第一大股东性质	0.116 6	0.013 6	0.013 3	3.746 3
	董事会规模	0.100 0	0.010 0	0.009 7	3.753 1
	监事会规模	0.098 2	0.009 6	0.009 3	3.753 8
	独立董事比例	0.005 7	0.000 0	—0.000 3	3.772 0
	董事长总经理两职状态	0.061 3	0.003 8	0.003 5	3.765 0

注：该表为两个模型总体的回归分析结果。
资料来源：笔者根据相关数据编制。

表 11－12　回归结果分析表 2

被解释变量	解释变量	相关系数	拟合系数	调整后的拟合系数	估计标准误
资产负债率	第一大股东持股比例	0.026 8	0.000 7	—0.001 3	0.202 8
	第一大股东性质	0.271 7	0.073 8	0.072 0	0.195 2
	董事会规模	0.217 8	0.047 4	0.045 5	0.198 0
	监事会规模	0.249 0	0.062 0	0.060 1	0.196 5
	独立董事比例	0.010 8	0.000 1	—0.001 9	0.202 9
	董事长总经理两职状态	0.137 5	0.018 9	0.017 0	0.200 9
产权比率	第一大股东持股比例	0.0129	0.000 2	—0.001 8	1.862 5
	第一大股东性质	0.211 7	0.044 8	0.042 9	1.820 4
	董事会规模	0.202 8	0.041 1	0.039 2	1.823 9
	监事会规模	0.250 7	0.062 9	0.061 0	1.803 2
	独立董事比例	0.011 9	0.000 1	—0.001 8	1.862 5
	董事长总经理两职状态	0.057 2	0.003 3	0.001 3	1.859 6

注：该表为第一大股东持股比例为 50%及以上的两个模型的回归分析结果。
资料来源：笔者根据相关数据编制。

表 11-13 回归结果分析表 3

被解释变量	解释变量	相关系数	拟合系数	调整后的拟合系数	估计标准误
资产负债率	第一大股东持股比例	0.021 0	0.000 4	0.000 1	0.205 0
	第一大股东性质	0.271 3	0.073 6	0.073 3	0.197 3
	董事会规模	0.199 9	0.040 0	0.039 6	0.200 9
	监事会规模	0.214 1	0.045 9	0.045 5	0.200 2
	独立董事比例	0.018 6	0.000 3	0.000 0	0.205 0
	董事长总经理两职状态	0.144 1	0.020 8	0.020 4	0.202 9
产权比率	第一大股东持股比例	0.038 4	0.001 5	0.001 1	4.011 7
	第一大股东性质	0.115 5	0.013 3	0.013 0	3.987 8
	董事会规模	0.094 3	0.008 9	0.008 6	3.996 8
	监事会规模	0.088 3	0.007 8	0.007 5	3.999 0
	独立董事比例	0.005 3	0.000 0	−0.000 3	4.014 6
	董事长总经理两职状态	0.063 0	0.004 0	0.003 6	4.006 7

注：该表为第一大股东持股比例为小于50%的两个模型的回归分析结果。
资料来源：笔者根据相关数据编制。

11.4 实验结果及分析

根据描述性统计、相关性分析、比较分析以及回归分析得出的结果与假设基本一致，笔者对结果进行如下总结：

① 股权集中度与资产负债率、产权比率正相关。在股权高度集中的公司中，控股股东拥有绝对的话语权，中小股东无法对其作出的融资决策形成反对意见。公司的融资行为完全取决于控股股东的融资偏好和融资决策。控股股东为了稳定股权结构，不分散股权，始终保持自己对公司的控制权，会偏向于债务融资。股权集中度越高，控股股东基于自身利益的考虑，会选择期限短且资金获取速度快的短期债务。股权高度集中的上市公司比股权适度集中的上市公司的资产负债率要高。

② 第一大股东为国有股的上市公司的资产负债率、产权比率比第一大股东为非国有股的上市公司的资产负债率、产权比率要高。

③ 董事会总人数即董事会规模与资产负债率正相关。董事会总人数规模较大的公司倾向于选择负债融资方式，而董事会总人数较少的公司则更倾向于选择股权融资方式。

④ 独立董事比例与资产负债率正相关。独立董事比例高的公司倾向于选择负债融资方式，而独立董事比例低的公司倾向于选择股权融资方式。

⑤ 董事长总经理两职状态与资产负债率正相关。董事长总经理两职合一的情况下，公司更倾向于股权融资；董事长总经理两职分离的情况下，公司更倾向于负债融资。

⑥ 监事会总人数与资产负债率负相关，即监事会总人数高的上市公司趋向于股权融资。

第12章 研究结论与研究展望

中国资本市场正处于发展的关键阶段，公司治理结构和融资结构成为当前公司理论和实际研究的焦点，同时二者之间又存在着一定的内在联系：一方面，公司融资结构决定公司治理结构，债权和股权的不同结合，决定了公司的不同治理结构；另一方面，公司治理结构反过来影响公司融资结构，不同的公司治理模式、公司治理结构会形成不同的融资结构。本书主要研究公司治理结构对公司融资结构的影响作用。

本书立题的目的是研究公司治理结构对公司融资结构的影响，了解公司治理结构与公司融资结构的内在联系，以期给我国企业改革提供一些有益的启示。笔者在本书完成之际重新思考立题的目的，只能说部分地实现了这一目的，本书的研究还远不够，有许多尚待完善之处。

12.1 研究结论

本书运用了公司治理和融资结构理论，结合中国上市公司的实际，并通过规范研究、对比研究、案例分析与实证研究相结合的分析方法，对本书的论题——公司治理结构影响融资结构，进行了分析。本书研究了公司治理结构对公司融资结构的影响，明确了公司治理结构与公司融资结构的内在关系，并提出了优化我国上市公司治理结构和融资结构的建议。综合本书的分析可以得出如下结论：

(1) 公司融资结构决定公司治理结构

公司融资结构决定公司治理结构。一方面，债权和股权的不同结合，决定了公司的不同治理结构；另一方面，股权融资与债权融资的数量之比、企业融资方式的选择直接决定公司控制权在股东与债权人之间的分配与转移，从而决定了控制权在出资人之间转移的顺序和时间。

(2) 公司治理结构影响着公司融资结构

融资方式的选择与公司治理结构模式的确定密切相关，本书以具体国家的上市公司为例分析了不同的公司治理模式下所形成的不同的融资结构。

(3) 公司治理结构影响着公司融资结构

本书选择与公司治理结构紧密相关且对融资结构有影响的变量(股权集中度、第一大股东性质、董事会规模、独立董事比例、董事长总经理两职状态以及监事会规模)深入分析公司治理结构对公司融资结构的影响作用。

(4) 我国公司治理结构与融资结构存在的问题

本书根据我国公司治理结构存在的问题以及我国融资结构的优劣势分析，提出了优化公司治理结构与融资结构的一些建议。

12.2　研究展望

由于笔者的时间、精力和能力有限，本书的研究有许多不足与尚待完善之处。

① 本书中某些国外的数据并不是很新，希望在以后的学习和研究中，能够查找更新的数据，对论题进行更加准确、深入的研究。

② 本书主要研究了狭义的公司治理结构即内部治理结构对公司融资结构的影响，在以后的研究中，可以具体研究公司外部治理结构对融资结构的影响。

③ 笔者对我国上市公司治理结构与融资结构的优化提出了一些建议，在以后的研究中，可以对公司治理和融资结构的优化做更深入的研究。

参考文献

[1] 于潇. 美日公司治理结构比较研究[M]. 北京:中国社会科学出版社,2003.
[2] 于东智. 转轨经济中的上市公司治理[M]. 北京:中国人民大学出版社,2002.
[3] 陈工孟,支晓强,周清杰. 公司治理概论[M]. 北京:清华大学出版社,2003:2-4.
[4] 迎春. 资本结构与公司治理的研究综述[J]. 内蒙古科技与经济,2004(12):20-23.
[5] 刘汉民,刘锦. 资本结构、公司治理与国企改革:“资本结构与公司治理研讨会”综述[J]. 经济研究,2001,36(10):83-85.
[6] 杨胜刚. 西方公司治理理论与公司治理结构的国际比较[J]. 财经理论与实践,2001,22(6):30-33.
[7] 张铮铮. 基于股权集中度的上市公司股权融资偏好研究[J]. 计划与市场探索,2004(S1):119-120.
[8] 张元教,郑垂勇,李慧娟. 基于公司治理视角的上市公司资本结构理论研究[J]. 市场周刊:财经论坛,2004(4):21-23.
[9] 张勇. 公司治理和我国国有企业治理体系的构建[D]. 郑州:河南大学,2002.
[10] 胡鞍钢,胡光宇. 公司治理中外比较[M]. 北京:新华出版社,2004.
[11] 吴晓求. 中国上市公司:资本结构与公司治理[M]. 北京:中国人民大学出版社,2003.
[12] Dietl H. Capital Markets and Corporate Governance in Japan,Germany and the United States[M]. London:Routledge,1998.
[13] Charkham J. Keeping Good Company[M]. New York:Oxford University Press,1994.
[14] 李向阳. 美日德企业资本结构比较[J]. 世界经济,1995,18(9):62-68.
[15] 黄泰岩,侯利. 企业融资结构的国际比较[J]. 中国工业经济,2001(4):69-77.
[16] 任文恺. 发达国家企业融资结构的分析及启示[J]. 内蒙古统计,2004(2):49-51
[17] 康焕军. 当代日本股票市场研究[M]. 北京:东方出版社,1995.
[18] 崔学东. 处在改革十字路口的日本公司治理模式[J]. 现代日本经济,2005

(2):22－26.

[19] 康焕军. 战后日本企业筹资方式的变化[J]. 日本研究,1994(1):1－7.

[20] 张蕴岭. 韩国市场经济模式:发展、政策与体制[M]. 北京:经济管理出版社,1997.

[21] 蒋序标,龚志宏. 全球三种公司治理模式比较[J] 大经贸,2003(9):78－79.

[22] 甄学军. 不同公司治理结构模式下的资本结构选择[J]. 开放导报,2003(5):30－31.

[23] 中国诚信信用管理有限公司,中诚信财务顾问有限公司,中诚信国际信用评级有限责任公司 .2003 中国上市公司基本分析[J]. 北京:中国财政经济出版社,2003.

[24] 李翔,储诚忠,袁野,等. 上市公司融资结构与融资成本的实证研究[Z]. 深圳:深圳证券交易所,2002.

[25] 杨之帆. 企业资本结构与融资方式偏好[J]. 财经科学,2001(4):50－54.

[26] 国家统计局工业交通统计司. 中国工业经济统计年鉴:1991[M]. 北京:中国统计出版社,1991.

[27] 李义超. 中国上市公司资本结构研究[M]. 北京:中国社会科学出版社,2003.

[28] 曾源. 中国上市公司资本结构的形成及优劣分析[J]. 财会研究,2005(1):52－53.

[29] 谢邦华. 中美上市公司治理模式剖析[J]. 交通企业管理,2004,19(10):31－33.

[30] 田平凤,封文丽. 公司治理模式的国际比较与借鉴[J]. 经济与管理,2004,18(7):22－25.

[31] 李向阳. 企业信誉、企业行为与市场机制:日本企业制度模式研究[M]. 北京:经济科学出版社,1999.

[32] 曾国平,雷蕾,王川江. 治理结构对我国上市公司融资结构影响的实证分析[J]. 财会研究,2004(8):49－50.

[33] 吴淑琨,席酉民. 公司治理与中国企业改革[M]. 北京:机械工业出版社,2000.

[34] 梅洪常,邓莉,李宏胜,等. 公司治理研究[M]. 重庆:重庆出版社,2002.

[35] Schreyer P. Capital Stocks, Capital Services and Multi-factor Productivity Measures[J]. OECD Economic Studies, 2004, 2003(2):163－184.

[36] Nelson J. Corporate Governance Practices, CEO Characteristics and Firm

Performance[J]. Journal of Corporate Finance,2005,11(1-2):197-228.
[37] Witherell B. Corporate Governance Stronger Principles for Better Market Integrity[J]. Corporate Governance,2004(243):41-44
[38] Guzhva V S,Pagiavlas N. Corporate Capital Structure in Turbulent Times: A Case Study of the US Airline Industry[J]. Journal of Air Transport Management,2003,9(6):371-379.
[39] Jensen M C,Murphy K J. Performance Pay and Top-management Incentives [J]. Journal of Political Economy,1990,98(2):225-264.
[40] Jensen M C. The Modern Industrial Revolution,Exit,and the Failure of Internal Control Systems[J]. The Journal of Finance,1993,48(3):831-880.
[41] Myers S C. Determinants of Corporate Borrowing[J]. Journal of Financial Economics,1977,5(2):147-175.
[42] Stulz R,Johnson H. An Analysis of Secured Debt[J]. Journal of Financial Economics,1985,14(4):501-521.
[43] Stulz R. Managerial Discretion and Optimal Financing Policies[J]. Journal of Financial Economics,1990,26(1):3-27.
[44] 李维安. 公司治理理论与实务前沿[M]. 北京:中国财政经济出版社,2003.
[45] 李萱,雷佑新. 企业融资结构的国际比较与借鉴[J]. 四川商业高等专科学校学报,2000,8(4):1-4.
[46] 郭晓勋. 三种典型公司治理模式之比较及发展趋势[J]. 长春师范学院学报,2004,23(9):28-30.
[47] 白雪瑞. 公司治理模式的比较分析[J]. 边疆经济与文化,2004(3):96-98.
[48] 姜秀华. 治理内核与综合业绩的相关性研究[M]. 上海:上海财经大学出版社,2003.
[49] 李华. 中国上市公司股权结构及其优化[M]. 上海:复旦大学出版社,2004.
[50] 智艳,陈智韬,罗长远. "走出去"对公司治理的影响:来自"一带一路"倡议准自然实验的证据[J]. 复旦学报(社会科学版),2021,63(6):166-180.
[51] 龙海明,闫文哲,欧阳佳俊. 人口老龄化对产业结构升级的影响:促进还是抑制:基于金融结构视角的分析[J]. 财经理论与实践,2021,42(6):44-51.
[52] 马玥. 独立董事同业兼任的公司治理效应研究:来自上市公司盈余质量的经验证据[J]. 云南大学学报(社会科学版),2021,20(6):116-125.

[53] 秦海林，段曙彩．国企混改、公司治理结构与现金股利：基于公司治理的视角[J]．投资研究，2021，40(11)：37－58．
[54] 李燕，原东良，周建．区域社会资本与上市公司治理有效性[J]．广东社会科学，2021(6)：32－40．
[55] 艾博．监管介入上市公司治理问题研究[J]．证券市场导报，2021(12)：34－41．
[56] 蒋樟生，周洁．行为额外性视角政府补助对企业合作创新的驱动机制：公司治理与要素市场的调节作用[J]．技术经济，2021，40(10)：23－34．
[57] 王昱，陈钰清，郎香香，等．"金融结构—技术创新能力"匹配度与企业出口产品质量提升[J]．大连理工大学学报(社会科学版)，2021，42(6)：47－59．
[58] 盛斌，景光正．汇率波动、金融结构与技术创新[J]．财贸经济，2021，42(10)：132－146．
[59] 郑洁，赵秋运，朱欢，等．金融结构与环境污染：新结构环境金融的理论初探[J]．经济问题探索，2021(10)：165－172．
[60] 窦欢，邱威，刘媛媛，等．关联独立董事的公司治理作用：基于财务重述的视角[J]．审计研究，2021(5)：98－108．
[61] 魏文江，钟春平．金融结构优化、产业结构升级与经济高质量发展[J]．甘肃社会科学，2021(5)：205－212．
[62] 游家兴，伍翕婷，杨莎莉．从"公正"到"偏倚"的反思：有偏报道下媒体公司治理角色的逻辑重构[J]．厦门大学学报(哲学社会科学版)，2021(5)：106－117．
[63] 刘杰勇．我国公司治理双重股权结构的监管机制再认识[J]．商业研究，2021(5)：131－139．
[64] 吴永钢，蒋铭磊．经济政策不确定性、公司治理水平与房企去杠杆[J]．南开学报(哲学社会科学版)，2021(5)：82－96．
[65] 杨荻，温军，张森．债务期限结构与高质量审计：基于公司治理视角的研究[J]．人文杂志，2021(9)：63－73．
[66] 叶永卫，云锋，袁溥．经济政策不确定性、党组织参与公司治理与民营企业固定资产投资[J]．经济评论，2021(5)：3－16．
[67] 刘素坤，燕玲．融资结构视角下货币政策对企业创新的影响[J]．首都经济贸易大学学报，2021，23(5)：98－112．
[68] 肖康康，强皓凡．"金融结构-产业结构"协调演进与经济发展[J]．社会科学，2021(9)：28－49．

[69] 弓媛媛,刘章生. 金融结构与绿色技术进步:理论模型、影响效应及作用机制[J]. 经济经纬,2021,38(5):151-160.

[70] 苏坤,孟源. 企业公司治理、金融市场化与股价崩盘风险研究[J]. 金融监管研究,2021(8):98-114.

[71] 武长海. 机构投资者参与非上市公司治理的困境与纾解[J]. 江西社会科学,2021,41(8):169-183.

[72] 何德旭,冯明. 中国宏观融资结构的转型特征[J]. 经济学动态,2021(8):17-32.

[73] 石贝贝,陈乾. 央企"换帅"的公司治理效应研究:基于控股上市公司盈余管理的视角[J]. 华东经济管理,2021,35(9):96-108.

[74] 杨兵,杨杨,杜剑. 金融结构、制度约束与经济增长[J]. 统计与信息论坛,2021,36(8):43-55.

[75] 高达. 公司治理中控股股东的主体地位及职权代行机制构建[J]. 深圳大学学报(人文社会科学版),2021,38(5):102-111.

[76] 洪正,张琳,肖锐. 产业跃升、金融结构与中国经济增长[J]. 管理世界,2021,37(8):58-88.

[77] 师俊国. 新结构经济学视角下金融结构对收入分配差距的门限效应检验[J]. 经济问题探索,2021(8):105-123.

[78] 何红渠,汪洋. 银行公司治理对金融系统稳定性的影响研究:基于我国 14 家上市银行的回归分析[J]. 湖南大学学报(社会科学版),2021,35(4):55-62.

[79] 朱南军,吴鹿其. 公司治理与风险承担的行业差异:来自中国上市金融企业的证据[J]. 经济体制改革,2021(4):124-131.

[80] 马骏,黄志霖,梁浚朝. 党组织参与公司治理与民营企业高管腐败[J]. 南方经济,2021(7):105-127.

[81] 亚当·斯密. 国富论[M]. 上海:世界图书出版公司,2009.

[82] 佟岩,李鑫,钟凯. 党组织参与公司治理与债券信用风险防范[J]. 经济评论,2021(4):20-41.

[83] 佟孟华,李慧,张国建. 金融结构影响产业结构变迁的内在机理研究[J]. 财贸研究,2021,32(7):1-13.

[84] 马亚明,马金娅,胡春阳. 资本市场开放可以提高上市公司治理质量吗:基于沪港通的渐进双重差分模型检验[J]. 广东财经大学学报,2021,36(4):81-95.

[85] 郑乐凯,汪亚楠,李世林,等. 金融结构、技术进步与全球价值链地位提升[J].

国际金融研究,2021(7):36-45.
[86] 魏刚,冒戴然. 控股股东股权质押、公司治理与企业资本成本[J]. 投资研究,2021,40(7):77-95.
[87] 孙彦林,吴业强,孙烨. 金融结构与投资资本供给结构的非对称机制[J]. 金融论坛,2021,26(7):50-59.
[88] 张力,李天德. 养老基金投资对金融结构影响的动态效应[J]. 统计与决策,2021,37(12):157-160.
[89] 高超,蒋为. 中小银行、金融结构与居民创业[J]. 南开经济研究,2021(3):17-32.
[90] 姜付秀,王莹. 国有企业公司治理改革的逻辑:从国家治理到公司治理[J]. 经济理论与经济管理,2021,41(6):4-21.
[91] 刘贝贝. 卖空的公司治理效应:来自高管薪酬业绩敏感性的证据[J]. 财贸研究,2021,32(6):80-97.
[92] 鲁迪,缪小明. 构建科学运行机制 指导公司治理实践:评《中国公司治理的理论与证据》[J]. 山西财经大学学报,2021,43(7):127.
[93] 吴维锭. 区块链技术与公司治理的融合:价值、路径和法律因应[J]. 证券市场导报,2021(6):2-12+32.
[94] 鲍晓静,李亚超. 党组织参与公司治理是否抑制了年报语调操纵行为?[J]. 财经论丛,2021(6):67-77.
[95] 许泱,徐朝辉. 企业创新、公司治理对企业升级的影响[J]. 统计与决策,2021,37(11):182-185.
[96] 汪显东. 国有企业党建工作融入公司治理体系研究[J]. 社会科学家,2021(4):88-92.
[97] 陈冬华,徐巍,沈永建. 嵌入理论视角下的中国公司治理与政府行为:一个整体框架[J]. 会计与经济研究,2021,35(3):35-54.
[98] 景光正,盛斌. 金融结构如何影响了外资进入方式选择?[J]. 金融研究,2021(5):59-77.
[99] 李胡扬,柳学信,孔晓旭. 国有企业党组织参与公司治理对企业非市场战略的影响[J]. 改革,2021(5):102-117.
[100] 王娴. 机构投资者参与公司治理的监管制度比较[J]. 证券市场导报,2019(10):25-32.
[101] 严若森,钱晶晶,祁浩. 公司治理水平、媒体关注与企业税收激进[J]. 经济

管理,2018,40(7):20－38.

[102] 强舸. 国有企业党组织如何内嵌公司治理结构?:基于"讨论前置"决策机制的实证研究[J]. 经济社会体制比较,2018(4):16－23.

[103] 马云飙,石贝贝,蔡欣妮. 实际控制人性别的公司治理效应研究[J]. 管理世界,2018,34(7):136－150.

[104] 程晋烽,赵继新. 公司治理和财务报告质量对投资效率影响的实证分析[J]. 统计与决策,2018,34(13):181－184.

[105] 河北经贸大学举办首届公司治理与企业成长高端论坛[J]. 经济与管理,2018,32(4):19.

[106] 宋明. 保险行业公司治理监管迭代的取向与路径:以控制权规制为中心[J]. 江海学刊,2018(4):218－224+239.

[107] 王红霞. 公司治理系统:基本维度与构成要素:一个科际整合的视角[J]. 求索,2018(4):110－118.

[108] 曾元祥,李长旭. 出版传媒上市公司融资结构的影响因素研究:基于我国22家出版传媒上市公司数据的分析[J]. 新闻界,2018(7):87－92.

[109] 秦兴俊,王柏杰. 股权结构、公司治理与企业技术创新能力[J]. 财经问题研究,2018(7):86－93.

[110] 卢太平,韩春梅. DB计划的公司治理效应:基于投资效率视角的分析[J]. 审计与经济研究,2018,33(4):66－74.

[111] 张宗新,李东宪. 新兴市场融资结构如何影响经济增长:基于21个新兴市场国家的GMM动态面板数据[J]. 财经科学,2018(6):1－10.

[112] 张天舒,陈信元,黄俊. 独立董事薪酬与公司治理效率[J]. 金融研究,2018(6):155－170.

[113] 王全景,郝增慧. 中国城乡收入差距的经济结构基础:所有制结构与金融结构:基于双重二元结构的视角[J]. 经济科学,2018(3):21－34.

[114] 马志奇,马立群. 上市公司治理结构研究[J]. 东南大学学报(哲学社会科学版),2018,20(S1):5－8.

[115] 郝云宏,马帅. 分类改革背景下国有企业党组织治理效果研究:兼论国有企业党组织嵌入公司治理模式选择[J]. 当代财经,2018(6):72－80.

[116] 林宏山. 金融要素与工业转型升级关系研究:基于金融发展与融资结构视角[J]. 上海金融,2018(6):36－43.

[117] 邵汉华,汪元盛. 金融结构与产业结构的非线性转换效应:基于 PSTR 模型的实证检验[J]. 云南财经大学学报,2018,34(6):58-68.

[118] 童卫华. 机构投资者与公司治理:新趋势和研究展望[J]. 证券市场导报,2018(6):26-31+58.

[119] 李国平,王柄权. 中国最优金融结构演化路径分析[J]. 北京理工大学学报(社会科学版),2018,20(4):53-63.

[120] 孙英杰,杨海平,林春. "互联网+"与金融结构变迁:基于省级面板数据的实证分析[J]. 工业技术经济,2018,37(6):84-91.

[121] 傅传锐,洪运超. 公司治理、产品市场竞争与智力资本自愿信息披露:基于我国 A 股高科技行业的实证研究[J]. 中国软科学,2018(5):123-134.

[122] 何宁,夏友富. 混合所有制改革下国有企业提升长期绩效的公司治理[J]. 企业经济,2018,37(5):152-157.

[123] 迈克尔·克劳斯纳,李诗鸿. 公司法和公司治理中的现实与幻象[J]. 华东政法大学学报,2018,21(3):137-162.

[124] 张羽,赵晓梦. 创新驱动发展中的金融结构与经济增长:最优金融结构理论视角下的中国经验[J]. 宏观经济研究,2018(5):47-61.

[125] 周宏,周畅,林晚发,等. 公司治理与企业债券信用利差:基于中国公司债券 2008—2016 年的经验证据[J]. 会计研究,2018(5):59-66.

[126] 李振,陈忠阳,朱建林. 金融结构、金融波动与经济增长[J]. 金融论坛,2018,23(5):54-65.

[127] 吴勇,李倩,朱卫东. 董事责任保险能否提升公司价值?:基于公司治理视角的研究[J]. 中国管理科学,2018,26(4):188-196.

[128] 邵汉华,LIU Yaobin. 金融结构与经济增长的非线性门槛效应:基于最优金融结构的视角[J]. 审计与经济研究,2018,33(3):119-127.

[129] 徐怀伏,陈飘飘,袁璨璨,等. 两权分离与民营企业避税行为研究:基于 2010—2016 年公司治理的经验证据[J]. 工业技术经济,2018,37(5):56-62.

[130] 杨可方,杨朝军. 金融结构演进与产业升级:美日的经验及启示[J]. 世界经济研究,2018(4):49-59.

[131] 马微,惠宁. 金融结构对技术创新的影响效应及其区域差异研究[J]. 经济科学,2018(2):75-87.

[132] 郝臣,付金薇,李维安. 国外保险公司治理研究最新进展:基于 2008—2017

年文献的综述[J]. 保险研究,2018(4):112-127.

[133] 许浩然,廖冠民. 股利的公司治理功用:基于央企强制分红的实证检验[J]. 中央财经大学学报,2018(4):53-62.

[134] 沈倩岭. 金融市场竞争、公司治理机制与中国民营企业成长:跨层次模型[J]. 云南财经大学学报,2018,34(4):56-69.

[135] 叶德珠,曾繁清. 金融结构适宜性与经济增长[J]. 经济学家,2018(4):63-72.

[136] 秦续忠,王宗水,赵红. 公司治理与企业社会责任披露:基于创业板的中小企业研究[J]. 管理评论,2018,30(3):188-200.

[137] 陈明利,伍旭川,梅世云. 企业投资效率、公司治理与公司价值:基于机构投资者参与视角[J]. 企业经济,2018,37(3):66-73.

[138] 窦欢,曾建光,王鹏. 同业竞争、公司治理与投资效率[J]. 经济与管理研究,2018,39(4):110-122.

[139] 张文龙,王彤,田梓青. 企业特质、公司治理与现金储备结构[J]. 宏观经济研究,2018(3):148-162.

[140] 杨典. 金融全球化与"股东导向型"公司治理制度的跨国传播 对中国公司治理改革的社会学分析[J]. 社会,2018,38(2):46-83.

[141] 胡善成,靳来群,刘慧宏. 金融结构对技术创新的影响研究[J]. 中国科技论坛,2019(10):33-42.

[142] 杨大可. 反思国有上市公司专门委员会的设置:以 2018 年《上市公司治理准则》为起点[J]. 北方法学,2019,13(5):64-72.

[143] 叶德珠,黄允爵,曾繁清,等. 适宜性金融结构与产业结构升级[J]. 产经评论,2019,10(5):76-93.

[144] 习明明,彭镇华. 金融结构、资本配置效率与经济增长的中介效应[J]. 证券市场导报,2019(9):4-12.

[145] 任晓猛,张一林. 最优金融结构与经济发展:一种新的度量方法与应用[J]. 当代经济科学,2019,41(5):1-10.

[146] 阿布都瓦力・艾百,马思超. 金融结构与收入不平等:基于 42 个国家的实证分析[J]. 宏观经济研究,2019(8):39-54+175.

[147] 范文祥,李将军. 产业结构与金融结构阶段性最优耦合的因素分析:基于供给侧结构性改革视角[J]. 上海金融,2019(8):59-63+87.

[148] 燕汝贞,李冉,高伟,等. 供应链融资结构视角下的零售商订购策略研究[J].

中国管理科学,2019,27(8):162-171.

[149] 章卫东,罗希,王玉龙,等. 定向增发新股投资者类别对公司治理的影响研究[J]. 国际金融研究,2019(8):87-96.

[150] 马妍妮,苏凯莉,张崇龙. 当前上市体育公司融资结构对公司绩效与风险影响研究:兼论最优资产负债率[J]. 沈阳体育学院学报,2019,38(4):64-69+85.

[151] 刘红忠,茅灵杰,许友传. 地方政府融资平台融资结构演变的多重博弈[J]. 复旦学报(社会科学版),2019,61(4):125-136.

[152] 孙亚贤. 论众筹平台参与下股权众筹公司治理模式创新[J]. 江西财经大学学报,2019(4):58-68.

[153] 王博,张少东. 中国的金融结构演进与监管周期[J]. 南开学报(哲学社会科学版),2019(4):48-61.

[154] 潘海英,胡庆芳. 生命周期视角下企业融资结构与创新水平互动效应研究:基于战略性新兴产业 A 股上市公司的经验证据[J]. 南京审计大学学报,2019,16(4):81-92.

[155] 陈晓珊,刘洪铎. 高管在职消费与产品市场竞争的公司治理效应:替代还是互补?[J]. 浙江工商大学学报,2019(4):54-69.

[156] 王曙光,冯璐,徐余江. 混合所有制改革视野的国有股权、党组织与公司治理[J]. 改革,2019(7):27-39.

[157] 李奇璘. 金融边界与金融过度化发展:基于金融结构内生的视角[J]. 广东社会科学,2019(4):43-52.

[158] 田国双,SHA Sha. 公司治理结构多样性对财务绩效影响的实证分析[J]. 哈尔滨商业大学学报(社会科学版),2019(4):42-53.

[159] 赵成国. P2P 网贷平台公司治理的范式转换与优化路径[J]. 江海学刊,2019(4):89-94.

[160] 辛宇. 国有企业公司治理中的平衡机制分析[J]. 人民论坛·学术前沿,2019(12):77-83.

[161] 李从刚,许荣. 董事高管责任保险、公司治理与企业创新:基于 A 股上市公司的经验证据[J]. 金融监管研究,2019(6):85-102.

[162] 佟爱琴,马惠娴. 卖空的事前威慑、公司治理与高管隐性腐败[J]. 财贸经济,2019,40(6):85-100.

[163] 关宇航,师一帅. 产业政策、公司治理与民营企业投资效率:一个有调节的中

介效应模型[J]. 当代经济管理,2019,41(11):15-24.
[164] 杨子荣. 企业盈利能力、金融竞争程度与最优金融结构[J]. 世界经济,2019,42(6):169-192.
[165] 姚云,于换军. 国外公司治理研究的回顾:国家、市场和公司的视角[J]. 金融评论,2019,11(3):92-109+126.
[166] 陈琳,朱子阳. 金融发展、金融结构与高科技产品的出口竞争力:国际经验及启示[J]. 世界经济文汇,2019(3):57-72.
[167] 马微,惠宁. 金融结构影响产业结构升级的内在机制及其门槛效应[J]. 福建论坛(人文社会科学版),2019(6):57-65.
[168] 姜巍. 公司治理、产品市场竞争与股票收益[J]. 财经问题研究,2019(6):50-57.
[169] 陈胜蓝,李璟,尹莹. 区域协调发展政策的公司治理作用:城市经济协调会的准自然实验证据[J]. 财经研究,2019,45(6):101-114+140.
[170] 胡志勇,夏英俊,黄琼宇,等. 基于 SEM 的公司治理对会计信息可比性的影响研究[J]. 数理统计与管理,2019,38(5):899-907.
[171] 肖奎. 美国对外国发行人公司治理监管的理论逻辑与实践演进[J]. 管理现代化,2019,39(3):5-10.
[172] 田妮,张宗益. 中国文化如何影响公司治理?:一个述评[J]. 云南财经大学学报,2019,35(5):12-20.
[173] 刘晓光,苟琴,姜天予. 金融结构、经济波动与经济增长:基于最优产业配置框架的分析[J]. 管理世界,2019,35(5):29-43+198.
[174] 梅锦萍,唐天真. 董事会社会资本的内涵及其对中国公司治理的影响[J]. 现代经济探讨,2019(5):108-113.
[175] 吴凌畅. 党组织参与国有企业公司治理进章程:基于央企旗下 287 家上市公司章程的实证研究[J]. 理论与改革,2019(3):137-147.
[176] 林素燕,赖逸璇. 公司治理影响企业技术创新吗?:基于中国东部、中部、西部上市公司的比较研究[J]. 财经论丛,2019(5):75-82.
[177] 张军,刘波,沈华玉. 股价同步性与股价崩盘风险:基于信息不对称和公司治理视角[J]. 财经科学,2019(4):13-25.
[178] 余静文,姚翔晨. 人口年龄结构与金融结构:宏观事实与微观机制[J]. 金融研究,2019(4):20-38.
[179] 张志强. 金融结构与经济发展的影响机制:基于"新结构主义"和"金融服务"

视角的分析[J]. 商业研究,2019(4):60-68.

[180] 贾春香,刘艳娇. 公司治理结构对企业创新绩效的影响:基于研发投入的中介作用[J]. 科学管理研究,2019,37(2):117-121.

[181] 王文召,顾永昆. 财政压力与金融结构演化[J]. 宏观经济研究,2019(4):30-40.

[182] 王洪盾,岳华,张旭. 公司治理结构与公司绩效关系研究:基于企业全要素生产率的视角[J]. 上海经济研究,2019,31(4):17-27.

[183] 林小玲,张凯. 企业所得税减免、融资结构与全要素生产率:基于2012—2016年全国税收调查数据的实证研究[J]. 当代财经,2019(4):27-38.

[184] 沈昊,杨梅英. 国有企业混合所有制改革模式和公司治理:基于招商局集团的案例分析[J]. 管理世界,2019,35(4):171-182.

[185] 盛斌,景光正. 金融结构、契约环境与全球价值链地位[J]. 世界经济,2019,42(4):29-52.

[186] 马微,惠宁. 创新驱动发展下的金融结构与产业结构升级:基于30个省份动态面板数据的实证分析[J]. 经济问题,2019(4):1-9.

[187] 任碧云,贾贺敬. 金融有效支持中国制造业产业升级了吗?:基于金融规模、金融结构和金融效率的实证检验[J]. 财经问题研究,2019(4):45-52.

[188] 钱水土,李正茂. 金融结构影响产业结构高度化的微观证据[J]. 社会科学战线,2019(4):66-75.

[189] 陈晓珊,刘洪铎. 机构投资者持股、高管超额薪酬与公司治理[J]. 广东财经大学学报,2019,34(2):46-59.

[190] 马连福,等. 公司治理[M]. 2版. 北京:中国人民大学出版社,2020.